重庆市教育委员会高等教育教学改革研究项目"乡村振兴背景下□□□□
与思政教育融合路径研究"（项目编号：223446）研究成果

从想法到落地——乡村振兴系列丛书

乡村景观风貌保护与应用

孙 磊 ○ 著

西南大学出版社
国家一级出版社 全国百佳图书出版单位

图书在版编目（CIP）数据

乡村景观风貌保护与应用 / 孙磊著. -- 重庆：西南大学出版社，2024.12. --（从想法到落地：乡村振兴系列丛书）. -- ISBN 978-7-5697-2740-1

Ⅰ．K928.5

中国国家版本馆CIP数据核字第20242NQ934号

乡村景观风貌保护与应用
XIANGCUN JINGGUAN FENGMAO BAOHU YU YINGYONG

孙　磊　著
策划组稿｜李　勇
责任编辑｜伯古娟
责任校对｜李　勇
装帧设计｜闽江文化
排　　版｜杜霖森
出版发行｜西南大学出版社（原西南师范大学出版社）
地址：重庆市北碚区天生路2号
邮编：400715
电话：023-68868624
印　　刷｜重庆亘鑫印务有限公司
成品尺寸｜170 mm×240 mm
印　　张｜11.25
字　　数｜188千字
版　　次｜2024年12月 第1版
印　　次｜2024年12月 第1次印刷
书　　号｜ISBN 978-7-5697-2740-1
定　　价｜39.00元

从想法到落地——乡村振兴系列丛书

顾 问

张跃光

主 审

孙 敏　双海军　肖亚成　张 雄

丛书策划

杨 璟　唐湘晖　韩 亮　赵 静
孙 磊　孙宝刚　黄代鋆　黄 微

前言

PREFACE

斯宾格勒在《西方的没落》中写道:"从农村中生长出来的都市因繁荣而脱离大地,人类便也失去了灵魂,从而走向衰亡之途。"乡村作为人类聚落生存发展的一种基本形式,是人类文明发展过程中的重要载体。在新时代乡村振兴战略背景下,对于传统乡村的关注和保护,也被赋予更重大的时代意义。

近年来,国家相继出台了一系列旨在促进和推动乡村发展的政策,特别是党的十八大以来,乡村成为国家政治、经济和社会生活的高频词汇。党的十九大报告提出要坚持农业农村优先发展,加快推进农业农村现代化的乡村振兴战略,为新时代中国乡村建设指明了方向。党的二十大提出建设宜居宜业和美乡村。新时代乡村建设发展也将由对乡村物质经济改善的关注进一步向乡村环境和风貌特色构建拓展。面对散落在中国广袤大地上的传统乡村,指导人们科学地保护传统乡村的景观风貌,激发新时代传统乡村活力,是本书撰写的目的。

本书以传统乡村景观特色构成与保护作为方向,选取有着400多年历史的云南凤庆县鲁史古集村、重庆肖家镇啸马村、重庆官渡镇方碑村作为研究案例,它们在乡村的布局结构、街巷空间、地域性建筑风貌等方面特色突出。本书通过梳理传统乡村景观特色的构成内容与理论体系,构建传统乡村景观特色保护的内容、方法及建议,为传统乡村的景观保护提供有价值的参考;通过对国内外传统乡村保护理论及相关案例的研究,分析乡村景观特色的构成因素,结合乡村景观现状进行设计实践和保护研究,为乡村景观特色保护提供措施和建议;通过系统梳理传统乡村景观特色的构成内容、保护方法,探讨基于科学保护前提下的合理发展模式。本书汇集了重庆人文科技学院乡村振兴学院项目研究、实践教学、产教融合、社会服务、学科竞赛等成果。在新时代背景下,本书在协调传统乡村发展、乡村景观特色保护与文化传承方面能提供有意义的探索。本书探讨了传统乡村景观特色保护与开发的策略、方法,为传统乡村景观特色的保护提供研究参考。推动传统乡村景观特色保护与产业发展,对于传统乡村景观特色保护及可持续发展具有一定的现实指导意义。本书有针对性地研究了云南凤庆县鲁史古集村、重庆肖家镇啸马村、重庆官渡镇方碑村景观特色的构成内容与保护策略手段,能为乡村全方位保护提供理论参考。在新时代乡村建设背景下,将传统乡村景观特色构成与保护作为重点,对于解决传统特色乡村在旅游发展、产业推进过程中出现的问题,具有一定的现实意义。本书还结合乡村现状及乡村保护中面临的问题,提出乡村景观特色构成内容与保护策略及方法,为传统乡村景观特色保护研究提供参考。

目录

第一章
乡村景观风貌概述　　001

第一节　乡村景观风貌的基本概念与特征 …………003

第二节　国内外乡村景观特色保护案例和研究现状 …010

第三节　乡村景观风貌面临的挑战与对策 …………016

第二章
乡村景观的构成要素与方式　　021

第一节　乡村景观要素分类 …………………………022

第二节　乡村自然景观构成要素 ……………………024

第三节　乡村人文景观构成要素 ……………………026

第四节　乡村景观特色构成要素 ……………………031

第五节　乡村景观特色构成方式 ……………………037

第三章
乡村的景观特色评价与保护理论基础　　041

第一节　景观特色评价理论 …………………………042

第二节　乡村景观特色保护的理论依据 ……………045

第三节　乡村景观特色保护原则……………048

第四节　传统乡村景观特色的保护范围…………050

第五节　设计驱动乡村景观保护的策略与方法………054

第四章
乡村景观风貌保护实践案例一：云南凤庆县鲁史古集村规划实践　063

第一节　鲁史古集村自然景观特色……………064

第二节　鲁史古集村人文景观特色……………067

第三节　鲁史古集村现状分析…………………080

第四节　鲁史古集村乡村景观保护面临的问题………086

第五节　鲁史古集村景观特色保护策略………090

第六节　鲁史古集村乡村格局和风貌保护……092

第七节　鲁史古集村文化旅游产业开发建议…………115

第八节　乡村景观特色保护建议和展望………………117

第五章
乡村景观风貌保护实践案例二：重庆肖家镇啸马村实践　119

第一节　肖家镇啸马村项目背景………………120

第二节　肖家镇啸马村现状分析………………124

第三节　肖家镇啸马村保护发展与定位………130

第四节　肖家镇啸马村保护策略与方法………134

第五节　肖家镇啸马村项目内容………………138

第六章
乡村景观风貌保护实践案例三：重庆官渡镇方碑村实践 147

第一节　官渡镇方碑村概况及现状分析 …………148

第二节　官渡镇方碑村设计要点 …………151

第三节　官渡镇方碑村设计实践 …………154

第四节　官渡镇方碑村设计反思与展望 …………165

第一章
乡村景观风貌概述

- 乡村景观风貌的基本概念与特征
- 国内外乡村景观特色保护案例和研究现状
- 乡村景观风貌面临的挑战与对策

斯宾格勒在《西方的没落》中写道："从农村中生长出来的都市因繁荣而脱离大地，人类便也失去了灵魂，从而走向衰亡之途。"中国民间文化保护专家冯骥才先生在长期的乡村调查中，做了大量的数据统计。梁思成曾说，要想保护一个古乡村必须付出超乎寻常的大代价。如何保护以及保护的程度非常重要，因此需要更加深入地分析传统乡村景观的本质特点和文化内涵。

当今的中国，城乡关系正在发生深刻的历史性变化。一方面，城市化的快速发展引发人们对于乡村自然的关注与向往。尽管城市不断发展后创造出丰富的物质，但也出现了房价高昂、交通拥堵、空气质量恶化、水资源紧张等社会、经济问题。"城市病"的加剧，启发和带动着人们对于田园自然的回归。另一方面，经济的发展带动了乡村旅游市场的繁荣和旅游模式的变化。近些年乡村旅游的井喷式增长，推动乡村旅游建设及发展有了新的探索。在乡村建设的大背景下，如何协调传统乡村保护与发展的关系，传承乡村文化的特色和内涵，需要我们积极地探索。

我国政府为推动乡村建设和发展制定了一系列政策措施：2005年《中共中央关于制定国民经济和社会发展第十一个五年规划的建议》中，正式提出建设社会主义新农村的历史任务。2008年施行的《中华人民共和国城乡规划法》中，确立了促进城乡经济社会全面协调可持续发展。2008年，"美丽乡村"建设在全国各地推广，收到了良好的社会效益与经济效益。党的十八大以来，在"美丽中国建设"背景下，住房和城乡建设部就美丽宜居小镇、美丽宜居村庄建设做出部署。2016年，《中共中央、国务院关于深入推进农业供给侧结构性改革 加快培育农业农村发展新动能的若干意见》中，就协调推进农业现代化与新型城镇化、推进农业供给侧结构性改革的大背景下的农村发展提出了新的要求。党的十九大提出实施乡村振兴战略，要坚持农业农村优先发展，按照产业兴旺、生态宜居、乡风文明、治理有效、生活富裕的总要求，建立健全城乡融合发展体制机制和政策体系，加快推进农业农村现代化。党的二十大也提出建设宜居宜业和美乡村。由此可见，我国新时代的美丽乡村画卷正在徐徐展开。

第一节
乡村景观风貌的基本概念与特征

传统乡村是一个包含了历史、文化、地理等多方面因素的综合体,它们代表了一种特定时期和地区的生活方式和文化传统,具有重要的历史、文化和景观价值。云南凤庆县鲁史古集村,作为民族混居的传统乡村,居住着汉、彝、苗等10个民族。其"半为山村半为市,可作农舍可作商"。挖掘和分析其景观特质的构成与保护策略,可为同类乡村的保护提供有意义的借鉴。我国国土面积辽阔,气候及地域条件差异较大,民族众多,文化多样,从而形成了我们国家传统乡村的多样类型。各具特色的传统乡村成为我国自然文化景观的重要组成部分。

一、乡村及其相关定义与内涵

1. 乡村

乡村的前身是氏族族群的聚落,是在特定地域环境和空间依赖度下,具有相同或相似生活、生产方式的氏族部落逐渐分化为的规模不同的聚落群体(见图1-1-1)。现代乡村一般以农业人口为基本人口构成,分布较为集中,是有一定社会组织形式并且拥有相对独立的社会经济生活的人口聚集点。通常,乡村是农村地区的基本组成单位,由若干户家庭和其居住的房屋、农田、田间小道、公共设施等构成。乡村在地理上可能分布在平原、丘陵、山区等不同的地形地貌上,并根据地理环境的不同,发展出了各具特色的生活方式、文化习俗和建筑风格。乡村在农村社会中具有重要的经济、文化和社会功能,是农村社会的基本单元之一。

图1-1-1　中国南方乡村

2.传统乡村

中国传统乡村,原名古乡村,是指民国以前所建的村。2012年9月,经传统乡村保护和发展专家委员会第一次会议决定,将习惯称谓"古乡村"改为"传统乡村"。传统乡村中蕴藏着丰富的历史信息和文化景观,是中国农耕文明留下的遗产。它们较好地保留了原有的历史风貌和文化传承,即建筑环境、建筑风貌、乡村选址未有大的变动,具有独特民俗民风,虽经历久远年代,但至今仍为人们服务。传统乡村寄托了"乡愁情怀",蕴含着乡土文化,承载了"民族的记忆"。传统乡村不仅是社会的基础单元,也是一个民族的"源"和"根"。

我国历史悠久、文明灿烂,拥有大量生态环境优美、文化底蕴深厚并保存较好的乡村。传统乡村因其历史悠久、特色鲜明、风貌完整而具有丰富的物质和文化内涵,对于我国的历史、文化、经济和政治研究具有很高的价值。传统乡村生动展示了过去人们在建筑构造、生产场所及生活方式上的沿袭轨迹,是重要的文化承载和延续,例如被列入世界文化遗产名录的安徽黟县西递村、宏村(见图1-1-2)。对传统乡村中的建筑、街区等元素的保护,对历史艺术、文化价值的研究使乡村保护与发展的重要性更加凸显。

图1-1-2　安徽黟县西递村、宏村

3. 景观

景观一词来自德语，原意指风景、景物。不同的学科对于景观的定义和视角有所差异。从风景园林专业角度来看，北京大学俞孔坚教授对于景观的定义得到了广泛认同，即景观是指土地及土地上的空间和物体所构成的综合体，是复杂的自然过程和人类活动在大地上的烙印。景观主要分为自然景观和人文景观。自然景观指完全未受直接的人类活动影响或受这种影响的程度很小的自然综合体，如山体、原始森林、河流海洋等；人文景观指居住在地球上的人类为满足社会经济的需要所创造的景观，如农田、城市、荒漠中的绿洲等。

4. 乡村景观

不同的研究视角对乡村景观的概念和界定有所不同。从风景美学的角度来看，乡村景观是作为审美信息源而存在的，自然田园风光是乡村景观中最主要的构成，是乡村旅游景区建设的基础；从地理学及规划学的角度来看，乡村景观是城市景观之外的空间，是以农业为主的生产景观和粗放的土地利用景观；从景观建筑学的角度来看，乡村景观是具有效用、功能、美学、娱乐和生态五大价值属性的景观综合体；从景观生态学的角度来看，乡村景观是乡村地域范围内不同土地单元镶嵌而成的嵌块体，包括自然环境生态系统和大农业生产系统，同时也包括人文建筑生活系统等。

本书综合乡村景观的相关定义，基于传统乡村景观特色的研究视角，结合乡村民俗特色和人文景观以及当地自然景观，因地制宜地展现了乡村农耕文化的深厚积淀和生态系统的独特价值。乡村景观作为一定地域内与乡村聚落相关联的人文、社会、经济、自然等现象的地域总体外貌，是具有特定景观行为、形态和内涵的自然社会综合体。乡村景观的形成是乡村整体和周边环境的有机结合，往往由水库、山体、农田、村庄等组成群体斑块，由护堤、山路、谷地、河流等组成廊道体系。乡村景观大致可以分为两类，即自然景观和人文景观。自然景观指乡村的自然本底，包括山川湖泊、地形地貌、动植物资源等，是人类生存、生活的物质基础。人文景观指人类在自然中从事社会、经济活动时，在自然景观的基础条件上附加人类的活动所创造的景观，又可以分为物质人文景观和非物质人文景观（文化景观）。

5. 乡村景观特色

特色是一种事物显著区别于其他事物的风格、形式，是由事物赖以产生和发展的特定的具体环境因素所决定的，是其所属事物独有的。景观特色是景观中独特的、可识别的差异性元素。乡村景观特色是乡村在自然景观与人文景观方面具有的独特的差异化特质。乡村景观特色往往体现在拥有特别的乡村人文底蕴以及自然生态环境。

乡村景观特色的构成主要指乡村景观特征中具有标志性意义或代表性特征的景观因子，以及其构成因素、存在方式、分布规律与内在联系等。乡村景观特色主要表现为秀美独特的自然风光、风格别样的建筑风貌、特色鲜明的空间格局、厚重丰富的文化遗存、富有特色的文化风情等。乡村自然景观构成了乡村景观的基质，人文景观赋予了乡村景观的灵魂。

二、乡村景观风貌的特征

乡村景观风貌的特征可以从自然环境、建筑风格、人文景观、社会文化和经济活动等多个方面详细展开。这些特征共同构成了乡村独特的文化和生态环境，具有极高的美学和研究价值。

1. 自然环境特征

地形地貌：乡村通常分布在多种地形地貌区，如山地、平原、河谷、丘陵等。这些地形特征决定了乡村的布局和景观特点。例如，山地乡村往往依山而建，建筑错落有致，形成层层叠叠的视觉效果；而平原乡村则布局相对规整，建筑分布较为均匀。地形高差也会影响乡村的交通方式和农业生产方式。

水文特征：水体在乡村中扮演着至关重要的角色。河流、湖泊、溪流、泉水等水体不仅提供了充足的水资源，还构成了乡村的独特景观。水乡乡村如江南水乡，以其纵横交错的河网和古朴的桥梁等著称，形成了"小桥流水人家"的诗意画面。水体还影响了乡村的农业灌溉、渔业生产等经济活动。

植被景观：植被类型对乡村景观有着显著影响。南方乡村常见茂密的竹林、稻田和茶园，北方乡村则多见广袤的麦田和果园，森林乡村则因其周围的大片森林而显得静谧幽深，并拥有丰富的木材资源。植被景观不仅美化了乡村环境，还对乡村的生态平衡起着重要作用。

2. 建筑风格特征

传统建筑：乡村中的传统建筑往往具有浓厚的地方特色，展现出地域文化的多样性。瓦屋顶、木结构、石墙等传统建筑元素不仅美观耐用，还充分考虑了当地的气候条件和资源状况。例如，黄土高原的窑洞、江南水乡的白墙黛瓦、藏区的石木结构房屋，都反映出不同地区的建筑智慧和生活方式。

民居布局：乡村的民居布局一般较为紧凑，体现出较强的空间利用效率。布局形式因地而异，有的呈聚落形态，形成村中心向外辐射的格局；有的则呈分散形态，形成乡村与自然环境的有机融合。民居布局还反映了村民的社会结构和生活习惯，例如宗族聚居的乡村通常以宗祠为中心，四周排列着宗族成员的住宅。

公共建筑：乡村中的公共建筑是其重要组成部分，具有突出的社会和文化功能。祠堂、庙宇、戏台等公共建筑不仅是村民生活的重要场所，还是乡村文化传承的重要载体。例如，祠堂是祭祖和召开宗族会议的地方，庙宇是宗教祭祀和节庆活动的中心，戏台则是传统戏剧表演和娱乐活动的舞台。

3. 人文景观特征

历史遗迹：古乡村中常保存着大量的历史遗迹，这些遗迹见证了乡村的历史变迁和文化积淀。古桥、古道、古井等不仅具有实用功能，还蕴含着丰富的文化。例如，古桥不仅是交通设施，也是乡村的重要地标；古道记录了村民迁徒、贸易的历史;古井则是乡村的水源和社交场所。

民俗活动:乡村中的民俗活动丰富多彩,是其重要的人文景观。节庆活动、婚丧礼仪、传统手工艺等都是乡村文化的重要组成部分。例如,春节、端午、中秋等传统节日,村民会举行丰富多彩的庆祝活动,如舞龙舞狮、唱大戏、放烟花等;婚丧礼仪则体现了村民的伦理观念和社会习俗;传统手工艺如制陶、织布、刺绣等,不仅是经济活动,也是文化传承的重要方式。

4. 社会文化特征

社区结构:乡村的社区结构通常较为紧密,村民之间有较强的社会纽带和互助精神。家族、宗族关系在乡村中占据重要地位,形成了独特的社会结构。村民之间关系密切,互帮互助,共同应对自然灾害和困难。例如,在农业生产中,村民常常互相借用农具、分享劳动力;在重大事件中,村民会集体行动,共同庆祝或哀悼。

文化传承:乡村中的文化传承丰富多样,包括方言、传统音乐、舞蹈、戏剧等。这些文化元素不仅是乡村的重要标志,也是村民身份认同的重要部分。例如,方言不仅是交流工具,还是文化记忆的载体;传统音乐和舞蹈则在节庆和仪式中发挥重要作用,传递着乡村的历史和价值观;传统戏剧如皮影戏、花鼓戏等,不仅是娱乐方式,也是文化教育的重要手段。

5. 经济活动特征

农业景观:农业是许多乡村的主要经济活动,农田、水田、梯田等农业景观构成了乡村的重要组成部分。这些景观不仅展示了村民的生产方式,还体现了人与自然的和谐关系。例如,梯田是山区乡村的一大特色,既有效利用了有限的土地资源,又形成了美丽的农业景观;水田则反映了水乡乡村的农业特点,稻田景色秀美,稻香扑鼻。

手工业:一些乡村以特定的手工业著称,如制陶、织布、酿酒等,这些手工业活动不仅是经济活动,也是文化景观的一部分。例如,景德镇以瓷器闻名,其陶瓷手工业已有千年历史,形成了独特的陶瓷文化;江南水乡的织布工艺精湛,蚕丝织品远销海内外,成为当地的重要经济来源和文化符号;而一些地方的酿酒工艺,则通过传统技艺和现代科技的结合,生产出享誉四方的美酒。

　　对乡村景观风貌特征进行详细描述,可以更好地理解和欣赏乡村这一传统文化和自然景观的独特魅力。这些特征不仅是乡村的历史和文化积淀,也是其持续发展的宝贵资源。

第二节
国内外乡村景观特色保护案例和研究现状

一、国内外乡村景观特色和保护研究进展

随着城镇化进程加快,我国乡村自身的特色也在逐渐消失。在新时代乡村振兴战略指引下,传统乡村特色的挖掘和保护必将引发更多的关注和研究。我国乡村主要依靠自身岁月积淀的特色与内在价值得以继续保留与发展。重视乡村内在价值的发掘和利用,即自身特色的发掘和利用,必将推动乡村的发展。

1. 乡村特色与保护研究

梳理国内关于乡村特色的研究论述,发现自然要素涉及的内容是比较明确的,在乡村景观特色构成及保护研究方面,都以自然与人文为基础。因此应进一步细化特色评价及其构成要素,使传统乡村的特色保护更具针对性和操作性。

2. 乡村特色与分类研究

在理论研究中,对于乡村资源的分类研究比较明确。2012年由住房和城乡建设部等部门印发的《传统村落评价认定指标体系(试行)》,旨在评价传统村落的保护价值,认定传统村落的保护等级。传统村落评价认定指标体系分为村落传统建筑评价指标体系、村落选址和评价指标体系、村落承载的非物质文化遗产评价指标体系。目前,乡村特色分类也没有较为确定的标准,但已有学者提出乡村分类的重要性。2013年11月16日,中国城市规划协会主办的"2013中国城市规划年会"的主题是"城市时代,协同规划"。在会上,刘安生等强调了乡村特色分类的重要性,并提出了乡村特色类型,指出了不同特色的乡

村发展中的侧重点。比如，历史文化型乡村应该以保护为主，旅游型乡村应注意基础设施的健全，丘陵型乡村应该借助地形地貌的优势等。程子烨等提出云南省的自然环境造就的乡村多以山地型为主，并将其分为滨水型山地乡村、复合型山地乡村、缓坡型山地乡村及平坝型山地乡村。

目前我国对于乡村景观特色分类没有统一的实施标准。部分乡村资源特色突出的地区立足于当地乡村特色保护和发展，制定了相关分类标准。例如溧阳市规划局在2012年将溧阳市乡村特色分为历史文化型、旅游观光型、丘陵山地型、水网密布型和窗口门户型五大类型，强调在乡村规划中"应进行分类指导，做到村村有特色、有品位"，注重乡村人文特色的体现。

二、国外乡村景观保护理论和案例研究

在国外，乡村景观保护已经成为一个备受重视的议题。其理论框架和实践经验为世界各地提供了宝贵的借鉴和启示。基于生态保护、社区参与和可持续发展等原则，以实地案例为基础，研究者从不同角度探索了乡村景观保护的途径和方法。通过法律法规的制定、生态修复的实践、社区参与的推动等多种手段，国外乡村景观保护呈现出丰富多样的实践模式。这些案例研究不仅提升了乡村景观的生态和文化价值，也促进了当地经济的可持续发展，为全球乡村发展提供了重要经验。

1. 国外乡村景观保护理论研究

工业革命推动现代工业体系不断发展，极大影响了农业和乡村。乡村景观特色的形成主要是社会、人文和经济政治等因素共同影响的结果。因此，研究乡村的文化价值、地域优势、物质内涵、风俗习惯、人文精神等方面的内容受到了越来越多西方学者的关注。这些不同领域的专家从社会学、景观生态学、文化、农业耕作方式变化等多重角度，探讨了生存环境的变化对于乡村景观特色变化的影响。

以科尔为代表的西方学者早在19世纪40年代便开始对乡村景观形态进行研究。法国学者阿·德芒戎首次对农村聚落的类型进行了研究，《法国农村聚落的类型》一文中系统分析了乡村形成与自然、社会、人口、农业之间的关

系。如何激活农村活力成为西方学界对于农村的研究重点。日本学者祖田修等指出现代经济发展对于农村管理体系以及乡村人与人、人与自然关系的弱化，提出农村可持续发展的观点，将实现经济、生态、文化等方面综合发展作为乡村建设和传统乡村复兴的重要内容。《德国乡村景观的发展》报告明确提出，经济基础对于乡村景观具有决定性影响。西方学者认为，乡村不仅是农业生产的场所，也反映了当时人们的生活方式，它跟城市的环境和历史发展相比，有较为突出的特色。

2. 国外乡村景观保护的实践案例

国外从不同视角研究乡村及乡村景观的保护方法，涉及乡村的建筑模式、宗教信仰、当地民风民俗等地域特色的探索研究。

法国

成立于1982年3月6日的"法国最美丽的村庄"协会，致力于保护和发展法国的独特村庄，并遴选出156个法国"最美丽的村庄"。协会将村庄的遗产内容、景观风貌、建筑特点、环境指数以及管理和保护措施作为评审"最美丽的村庄"的主要依据和标准。位于法国勃艮第地区约讷省的努瓦耶村拥有"法国最美丽的村庄"的美誉。小镇特色的拱顶过道，花岗岩铺就的人行道，历史久远装饰华丽的教堂，汩汩喷涌的喷泉和街巷，构成了努瓦耶乡村的独特风貌。安静、舒适、岁月悠久的古镇吸引着世界各地的游人，使其成为散布在瑟兰河边的一颗璀璨明珠。如今的努瓦耶，大力发展农产品、葡萄酒及旅游业，成为一个正在走向未来又充满着浓郁乡村风貌的历史厚重的活力村镇（见图1-2-1）。

图1-2-1　法国乡村景色

英国

英国的乡村风格鲜明,在人们的生活中占有重要的位置。"英格兰就是乡村,乡村就是英格兰"是英国前首相斯坦利·鲍德温爵士对英格兰的评价。英国的乡村自由而恬静,自然而舒适,恰如英国的自然风景园林。英国的拜伯里所在区域被英国政府命名为"最漂亮的自然景观",那里如今已经成为英国乡村旅游的代表。拜伯里村庄恬静自然,道路依托地形铺就,房屋保存完好,建筑风格极具当地建筑特色,古朴沉静的乡村与美丽的自然景观形成一幅英国乡村田园画卷(见图1-2-2)。

图1-2-2 拜伯里乡村景色

日本

随着老龄化加剧,日本的传统乡村发展面临着更为突出的人口问题。合理的产业融入有利于解决人口问题(特别是有利于吸引年轻人群),被认为是激发传统乡村活力的重要因素。日本在传统乡村的保护方面具有较强的意识。在乡村保护和开发方面,妻笼宿是较为成功的案例。

化乡愁为雨露的妻笼宿,是日本乡村保护方面的成功案例(见图1-2-3)。当地居民维护旧有驿站景观,将妻笼宿变成了充满历史风情的观光景点。乡村保护带来的良好效益也进一步提高了当地居民对保存文化遗产的热情和参与度。如今,妻笼宿为了更好地保护乡村风貌,没有为了扩大旅游接待规模、增加旅游产业收入而修建可以接纳大批旅行团的相关设施。这份对于传统风貌的坚守,值得我们在处理保护和发展的关系时学习。

图1-2-3　妻笼宿乡村风貌

3. 国内外乡村景观设计的相关启示

乡村景观特色要素是乡村个体与其他个体差异化的重要特征。目前的研究主要是从自然要素和人文要素两方面进行分析,在提高乡村特色挖掘保护的可操作性方面,还需要进一步细化。一方面应加强例如乡土文化、民风民俗、自然风光、建筑等乡村特色的挖掘、分析和塑造;另一方面随着城乡统筹发展,乡村的建设越来越快,在传统乡村保护方面应加强对于乡村景观特色的构成评估体系研究。特别是云南传统山地型乡村,应根据地区差异,制定相关的分类标准,抓准乡村的特点和定位。

不同地域的乡村,各自有各自的美,乡村保护和建设是以对自身特色的认知为前提,挖掘保护乡村独特的历史文化、特色产业及地域性景观等资源。尊重乡村景观的环境自然基质,传承乡村文化习俗,保护传统乡村风貌,挖掘乡村自身特色、强调人与自然和谐共生,凸显乡村田园风貌特质。

研究和分析传统乡村特色及保护,是传统乡村科学保护和新时代乡村建设必须面对的课题。乡村建设、产业发展及人居环境改善必须基于对乡村景观特色的全面分析和判断。通过对国内外优秀案例和相关研究的梳理,我们能更为科学全面地认识传统乡村景观特色构成及价值,积极探索沿承自然环境与现代乡村生活相协调,景观风貌与文化传统相融合,乡村特色与产业发展相促进的传统乡村景观特色保护模式。在乡村振兴战略背景下,这些也能为乡村景观特色保护提供研究基础。

第三节
乡村景观风貌面临的挑战与对策

一、乡村景观风貌保护所面临的挑战

乡村景观风貌保护是乡村振兴和文化遗产传承的重要组成部分,但在现代化进程中面临多重挑战。

1. 城镇化与土地开发的冲击

无序扩张:城镇化和工业用地需求导致农田、自然景观被侵占,传统村落被拆除或改造。

土地利用矛盾:土地流转政策下,经济利益驱动优先于景观保护,例如大规模建设民宿、度假村等,破坏原有乡土风貌。

基础设施建设的破坏:修路、建厂、开发旅游区可能切割自然景观,破坏乡村整体格局。

2. 传统建筑与文化遗产的流失

建筑衰败与拆除:传统民居因年久失修或村民追求现代居住条件而被拆除,代之以钢筋混凝土楼房,导致历史风貌断层。

文化传承断裂:传统手工艺、节庆习俗等非物质文化因年轻人外流而逐渐消失,削弱了乡村的文化独特性。

过度商业化改造:旅游开发中,仿古建筑、网红打卡点泛滥,导致"千村一面",失去原真性。

3. 生态与环境压力

环境污染:农业面源污染(化肥、农药)、生活垃圾处理不当、工业转移污染等,破坏乡村自然景观的生态基础。

资源过度开发:采矿、采砂、砍伐等活动导致山体裸露、水系破坏,景观完整性受损。

气候变化影响:极端天气(洪水、干旱)加剧自然景观退化,传统农业景观(梯田、水田)维护难度加大。

4. 政策与管理的不足

规划缺位或滞后:缺乏科学系统的乡村风貌保护规划,或规划执行不力,导致建设混乱。

资金与技术短缺:地方政府财力有限,难以支撑古建筑修缮、生态修复等长期投入;专业人才(如传统工匠、规划师)匮乏。

多头管理与权责不清:农业、文旅、环保等部门职能交叉,协调难度大,保护措施难以落地。

5. 社会观念与利益冲突

村民保护意识薄弱:部分村民对传统景观价值认知不足,更倾向于追求现代生活便利和经济利益。

利益分配矛盾:旅游开发中,企业、政府和村民利益诉求不一致,保护与开发的平衡难以实现。

人口空心化:青壮年外出务工导致村庄"空心化",传统生产生活方式难以为继,景观维护缺乏人力。

6. 技术与创新的挑战

现代材料的滥用:传统建筑修复中使用水泥、瓷砖等现代材料,破坏原有风貌。

数字化保护不足:缺乏对乡村景观的数字化记录和监测,难以应对突发性破坏。

适应性技术缺失:如何在保护传统风貌的同时,提升乡村基础设施(如污水处理、新能源)的兼容性仍需探索。

二、应对策略

乡村景观风貌保护需要系统性、多维度的策略,并应结合政策、技术、社会参与和可持续发展理念。以下是针对不同挑战提出的具体应对策略。

1. 规划引领与政策保障

(1)科学编制保护规划

制定差异化乡村风貌保护导则,根据地域特色(如江南水乡、山地村落、草原牧区)分类施策,明确建筑高度、材质、色彩等控制指标。划定生态保护红线和文化遗产核心保护区,禁止大规模开发与破坏性建设。

(2)完善法规与监管机制

建全乡村景观保护各方面的法律体系,明确保护责任主体与法律责任。应明确保护范围、保护措施及处罚机制,确保法律的可操作性和强制性,确保所有保护内容均有法可依。建立多部门联合执法机制(农业、文旅、环保),避免"多头管理、无人负责"。

(3)加强宣传提升公众意识

提升公众意识,加强宣传教育。通过媒体、教育机构和社区活动等多种途径,提高公众对乡村景观保护重要性的认识。应开展保护知识普及活动,增强村民的文化自豪感和保护意识。可以利用电视、广播、报纸、互联网等媒体平台,制作和传播保护宣传片、科普文章、专题节目等。建立村民参与保护奖励机制,鼓励村民积极参与景观保护工作。

2. 文化遗产活态传承

引入多方资源,多渠道筹集资金,加强修缮补助与技术扶持。优化资源分配,优先支持偏远和经济欠发达地区的乡村景观保护项目,鼓励村民使用传统工艺修缮老宅,培养"乡村工匠"队伍。通过功能置换,将废弃民居改造为村史馆、非遗工坊、民宿等,保留外观风貌,赋予现代功能。

注重非物质文化传承,通过节庆活动(如丰收节、庙会)、手工艺传习所,吸引年轻人参与。注重数字化记录与传播,利用VR、3D建模等技术保存传统技艺,打造乡村文化IP(如短视频、文创产品)。

避免过度商业化,建立旅游开发负面清单,禁止仿古假建筑、过度灯光秀等破坏原真性的项目。推动经济多元化发展,鼓励村民成立合作社,通过发展特色农业、乡村旅游、传统手工艺等产业,增强乡村的经济基础,提高村民的收入水平,保障利益本地化。注重生态环境保护和资源的可持续利用,促进经济可持续发展。推广绿色农业、生态旅游等可持续发展模式,确保乡村景观在经济发展中得到有效保护。

3. 技术与创新驱动

改良传统工艺,研发低成本、耐用的传统建材(如改良版夯土、竹木结构),兼顾风貌与安全性。采用现代科技手段,提高保护工作的科学性和效率。加强数字化保护与传播,通过线上平台展示乡村文化,利用遥感技术、三维建模、虚拟现实等技术进行景观评估和保护设计,确保保护措施的科学性和有效性。

4. 社会参与与利益协调

激发村民内生动力,组织村民学习传统技艺、生态农业技术,提升保护能力与就业机会。引入多元主体参与,吸引企业家、艺术家回乡投资,带动保护与创新。加强与政府部门、企业、科研机构等的合作,共同制定和实施保护计划,联合开展保护研究与实践(如清华大学"乡村振兴工作站"模式)。

乡村景观风貌保护需以"保护优先、活态利用、多元共治"为核心,通过政策刚性约束、技术创新赋能、社区深度参与,实现文化传承、生态保育与经济发展的良性循环,最终目标是让乡村成为"有灵魂的生命体",而非博物馆式的静态标本。

第二章
乡村景观的构成要素与方式

- 乡村景观要素分类
- 乡村自然景观构成要素
- 乡村人文景观构成要素
- 乡村景观特色构成要素
- 乡村景观特色构成方式

乡村的产生主要依托两个方面：自然环境与社会文化环境。区位、地理与气候等自然环境条件直接影响了传统乡村的聚居模式和整体结构，从而也影响其相应的社会关系、经济方式、文化形态与风貌特质等乡村特色。

第一节
乡村景观要素分类

乡村景观构成要素分类根据不同的视角有不同的分类方式。比较有代表性的分类主要有以下几种：(1)乡村景观按聚落景观和自然景观构成分类，其中聚落景观又包含点状景观（眺望点、地标树、民宅、庙宇等）、线状景观（街道、水流、防风林、墙垣等）、面状景观（梯田、耕地、聚落整体形态等）；(2)乡村景观按自然景观与文化景观构成分类，每一类又可细分为有形景观和无形景观；(3)乡村景观按自然景观和人文景观构成分类。

乡村景观的形成是自然与人工相结合的产物，是乡村地区范围内经济、人文、社会、自然等多种现象的综合表现。乡村景观作为乡村存在和居民生活的基础，其往往是环境生态系统、产业生产系统、文化生活系统相互作用构建形成的。本书基于对乡村、乡村景观的认知分析和理解，以及就研究对象的分析，将乡村景观分为自然景观和人文景观两类。乡村景观特色是乡村构成要素中最直观的物质形态的体现。乡村景观构成要素分析图见图2-1-1。

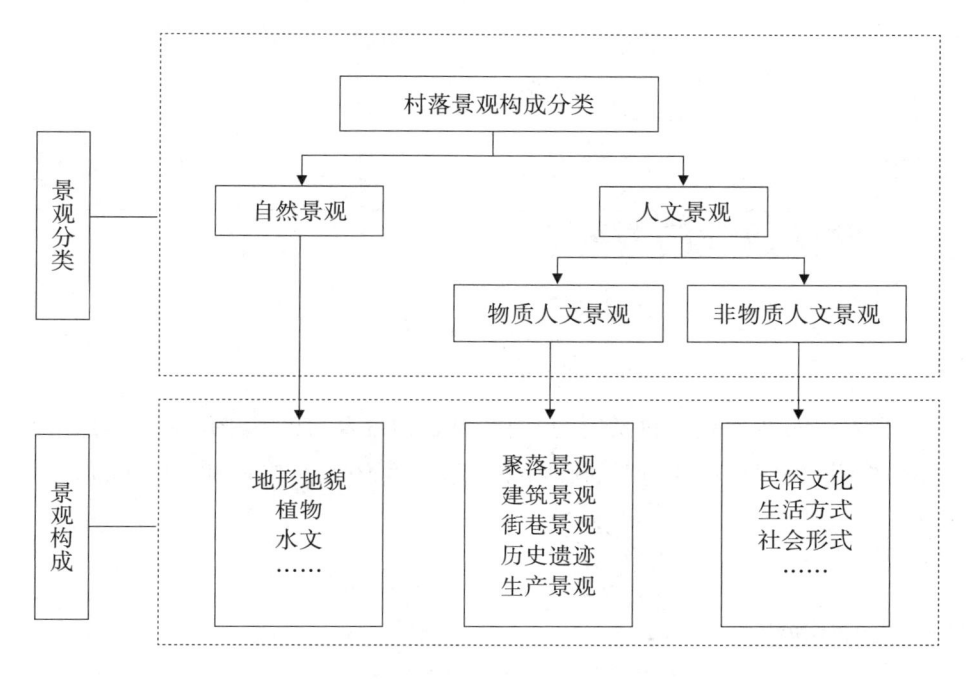

```
                    ┌─────────────────┐
                    │  村落景观构成分类  │
                    └────────┬────────┘
              ┌──────────────┴──────────────┐
        ┌─────┴─────┐              ┌────────┴────────┐
景观分类 │  自然景观  │              │    人文景观      │
        └───────────┘              └────────┬────────┘
                                  ┌─────────┴─────────┐
                            ┌─────┴──────┐   ┌────────┴────────┐
                            │ 物质人文景观 │   │  非物质人文景观   │
                            └────────────┘   └─────────────────┘

        ┌───────────┐     ┌───────────┐     ┌───────────┐
        │  地形地貌  │     │  聚落景观  │     │  民俗文化  │
景观构成 │   植物    │     │  建筑景观  │     │  生活方式  │
        │   水文    │     │  街巷景观  │     │  社会形式  │
        │   ……     │     │  历史遗迹  │     │   ……     │
        │          │     │  生产景观  │     │          │
        └───────────┘     └───────────┘     └───────────┘
```

图 2-1-1　乡村景观构成要素分析图

自然景观指乡村的自然本底,包括地形地貌、植物、水文等,是人类生存、生活的物质基础。人文景观指人类在自然中从事社会、经济活动时,在自然景观的基础条件上附加人类的活动所创造的景观,又可以分为物质人文景观和非物质人文景观(文化景观)。前者是服务于生产生活的有形的景观,包括聚落景观、建筑景观、街巷景观、历史遗迹、生产景观等;后者是无法通过具体的事物表现,只能在生产生活中通过行为渗透的景观,主要包括民俗文化、生活方式、社会形式等。

第二节
乡村自然景观构成要素

自然景观要素是乡村景观的基底,也是构成乡村的基础因素。自然景观要素在不同的区位和环境下的影响和作用不尽相同,但它们共同作用,对乡村景观产生影响。

一、地形地貌

地形地貌构成了乡村景观的宏观基础。村庄整体布局与建筑分布形式往往根据地形进行营建。我国地形地貌多样。地形地貌对于乡村的总体布局、道路体系、建筑风貌、生产方式及人文景观等方面都有着重要的影响。例如海拔高度对于乡村的气候、植被、土壤特性有着直接的影响。山地的坡度和坡向对于农田的分布及植被的类型和生长状况影响巨大。云南红河哈尼梯田就是山地地形对于农业生产方式影响所形成的极具特色的乡土景观。

二、植物

乡村植物分布多具有典型的乡土性和乡土自然性,多依据地域性气候、土壤等生长条件自然形成具有地域性特征的乡土植被。乡土植被往往对于地域生长条件有较强的适应性,具有天然分布、自然演替、抗逆性强、方便管理、易栽培、苗源广等特征。同时,乡土植被也是构成乡村景观的重要因素,形成了当地特有的自然景观风貌。

三、水文

水作为生命存在的基本要素,我国传统聚落选址时往往依水而建,临水而居。水资源不仅对环境产生着影响,对于依托传统农业为主要生产方式的乡村的影响更是巨大的。水文构成了我国乡村最为活跃和最具吸引力的景观元素,"江南水乡"的美丽景象即是水文因素对于我国乡村风貌影响的最好例证。

第三节
乡村人文景观构成要素

人文景观,是人类长期改造自然、适应自然的智慧结晶,是为了满足一些物质和精神等方面的需要,在自然景观的基础上,叠加了文化特质而构成的景观。人文景观具有多样性、特色性、地方性、真实性和社会性等特点。

乡村人文景观是农耕文明与自然因素的结合,是乡土文化的生动体现,展现了先贤祖辈的生存智慧和价值标准。渗透于乡村生产生活中的民俗风情、宗教信仰以及风水观念等,成为乡村人文景观的重要载体,承载和记录着乡村发展的历史,是乡村景观特色的重要组成和体现。下面主要从聚落景观、建筑景观、街巷景观、历史遗迹、生产景观等加以阐述。

一、聚落景观

乡村聚落是人们为满足乡村生活、居住、劳动生产等功能需求,依据生产生活、安全防御、文化习俗等,结合自然、环境、区位等条件进行有意识选址规划与生长发展形成的具有地方特色的乡村分布组织形态。乡村聚落作为人工板块,是乡村景观的主要构成元素之一。乡村聚落景观是构成乡村景观特色的重要内容(见图2-3-1)。

图2-3-1 乡村聚落

聚落景观是乡村用地布局与空间组织、功能结构及形态特征的集中体现。主要表现为：乡村建成区的范围、轮廓；乡村主要街巷的河道分布、形态以及沿途主要空间和景观节点；公共空间的功能、位置、形态、规模等；乡村主要天际线现状等内容。

聚落景观的形成受气候、地形、生活习俗、民族文化和宗教信仰等因素的影响，不同乡村的聚落形态具有其自身特点。聚落特征是对于自然环境、生产生活、美学艺术以及工程技术的集中反映。聚落景观是人类智慧与自然环境融合并不断发展形成的，构成了满足生产生活需要的基本条件。

二、建筑景观

乡村建筑由农村居民点的房屋和附属设施组成。乡村建筑作为农村居民组织家庭生活、开展公共活动以及从事农、工、副业生产等的场所，根据生产要求和自然地理位置等条件进行选址、选材建造。

乡村建筑主要包括居住建筑、公共建筑和生产性建筑三大类。居住建筑是农村居民组织家庭生活和从事家庭副业生产的场所。居住建筑的形式和内容受区域自然条件、建设材料、经济水平和风俗习惯等影响。同时，特定区域范围居民生产要求、生活习俗的一致性和相似性，也形成了民居建筑区域的共性特点。居住建筑构成了乡村建筑的主体，其建筑布局、造型装饰及材料和构造也构成了乡村建筑景观的基本风貌和特征。

公共建筑是农村居民开展公共活动的场所，主要包括行政、文教、卫生、商业、服务性建筑等。随着生产的发展和群众文化水平的提高，根据农村居民点的性质和分级标准加以配套，公共建筑的项目、规模和内容也在不断完善。

生产性建筑是农村个体和集体劳动者从事农、工、副业生产活动的场所。乡村生产性建筑多为零散小型点状分布。随着农村经济的发展，生产性建筑主要包括温室、养禽场、厂房等饲养、加工、贮藏、修理的类型。

由于区位、经济发展水平以及民族习惯的不同，农村建筑的内容和形式丰富，区域差异明显，体现了具有乡村地方特色的建筑形态特征。乡村建筑以其建筑材料、色彩、布局、形态等,构成了乡村景观和乡村意境最典型的特征(见图2-3-2)。

图2-3-2　建筑景观

三、街巷景观

乡村街巷系统是乡村布局的骨架,是联系乡村各组成部分的网络,是乡村社会活动和经济活动的纽带和脉搏,是形成乡村用地结构和空间格局的重要因素。其景观是构成优美居住环境和乡村功能的基础。"直为街、曲为巷。大者为街、小者为巷。"乡村街巷由乡村的主要道路、次要道路和宅间小路组成(见图2-3-3)。

图2-3-3　乡村街巷

乡村街巷的形成往往受乡村总体布局影响,并与当地村民的生活密切联系,因地制宜逐渐形成路网框架。乡村街巷景观主要由街巷交叉节点、街巷线形空间以及路面和临街建筑立面形成的街巷空间界面构成。

乡村街巷不仅满足日常的交通功能，还在乡村通风、采光、日照、排水、建筑布局、水电系统的布局、防灾、风貌特征的形成与维护等方面发挥着重要的作用。乡村街巷是乡村居民最主要的公共交往空间，是村民休憩、交流和聚会的多功能复合场所，具有明显的聚合性特征。街巷空间的形态、色彩、肌理、质感等是乡村景观的重要组成部分。

四、历史遗迹

历史遗迹和乡村布局在许多地方都相互交织，共同构成了丰富多彩的乡村景观。历史遗迹往往是乡村发展的见证者和象征，包括古老的建筑、古代历史文化遗址、传统庙宇等（见图2-3-4），这些历史遗迹常常承载着丰富的文化和历史信息，是乡村文化传承的一部分。

图2-3-4　历史遗迹

乡村的布局和发展往往也与这些历史遗迹密切相关,可能围绕着历史遗迹而建,或者受到历史遗迹的影响而形成特定的布局模式。乡村的布局往往反映了其历史和文化的沉淀,也为历史遗迹的保护提供了一定的环境和条件。例如,一些古老的乡村可能采取了环绕式布局,将历史遗迹纳入其中,形成了一种与自然环境和历史文化相融合的景观。同时,对乡村布局的合理规划和管理也能够更好地保护历史遗迹,确保其得到合理的利用和保护,同时提升乡村整体的历史文化氛围。历史遗迹和乡村布局共同构成了乡村的整体景观。成功的乡村景观往往能够将历史遗迹与乡村布局有机地结合起来,形成富有魅力和历史感的整体景观。通过合理的规划和设计,可以实现历史遗迹与乡村布局之间的协调统一,进而提升乡村的吸引力和文化价值。

历史遗迹和乡村布局在乡村景观中扮演着重要角色,它们相互交融、相得益彰,共同构成了丰富多样、独具特色的乡村文化景观。因此,在乡村景观保护和发展中,需要综合考虑历史遗迹和乡村布局之间的关系,促进其相互融合,实现乡村景观的可持续发展。

五、生产景观

乡村生产景观是指由居民生活生产活动所形成的景观。生产景观具有很强的生产功能。不同时期、不同区域以及生产方式的改变会形成多样的乡村生产景观特色。如今,在社会主义市场经济和乡村多元产业发展的背景下,我国乡村生产景观已经不再局限于传统的农业耕作、捕猎养殖、林业生产等,还包括现代手工业和乡村工业等生产景观类型。

我国国土面积辽阔,地形复杂多样,南北纬度跨度大,形成了包括热带季风气候、亚热带季风气候、温带大陆性气候、温带季风气候、高原高山气候等气候类型。这也形成了我国乡村广泛的差异性和强烈的地域色彩。

第四节
乡村景观特色构成要素

传统乡村拥有物质形态和非物质形态文化遗产，具有较高的历史、文化、科学、艺术、社会、经济价值。传统乡村景观特色要素是传统乡村最本质的景观形态，是在特定的地理环境和一定的社会历史发展阶段中，该区域内人的各种活动与自然因素相互作用的综合结果。

一、乡村选址与自然景观环境特色

自然景观与乡村选址相关的因素包括地形地貌、水文等。构成乡村传统风貌特征的周边主要包括自然植被、农业景观的种类与分布等。

自然景观环境特征分析是指通过文献阅读、村民访谈、实地考察等，对与乡村有直接视觉关联的地形地貌、自然植被、农作物等的形态和种类特征，主要景观特征点及其内容构成、形态特征、人文内涵等进行分析。

传统乡村选择布局与自然景观因素分析，主要包括两个方面的因素：一方面是乡村选址与自然景观环境特征的关系，另一方面是自然景观影响因素对于乡村选址布局的影响，它们共同形成传统乡村聚落景观的特色因子。

二、传统格局与整体风貌特色

1. 乡村传统格局演变分析

通过文献研究、舆图解读、实地考察研究等，对乡村格局的产生、发展、演变过程进行分析。

2.乡村格局特色分析

主要包括分析乡村主要的空间序列和景观轴线、景观视廊等。

3.街巷河道特色分析

分析街巷河道的布局特点,以及与村民生产生活的关系。

4.公共空间特色分析

分析乡村内外主要公共空间体系的构成,各空间的规模、形状、周边建筑、景观要素等,以及村民对其的传统使用方式。

5.整体风貌特征分析

分析乡村的整体轮廓线形状,主要的控制因素(如建筑与植被的关系、制高点的分布)等。

三、传统民居与建筑特色

1.传统乡村建筑类型体系

村域范围内对传统建筑的时代、功能、形制、构造类型等进行分类归纳,整理出传统建筑的类型体系及特点。

2.布局与形制特征分析

对传统建筑与周边环境的关系、建筑间的相互关系、建筑的空间组合关系、建筑尺度、屋顶形式等进行分析。

3.构造特征分析

对传统建筑的台基、地面、墙体、构架等特征进行分析。

4.材料与工艺特征分析

对传统建筑的主要建造材料及建造工艺特点进行分析。传统建筑往往就地取材,因地制宜。工艺特点包括建筑材料的美学特征、物理特性等。

5.建筑装饰装修特征分析

对传统的装饰装修细节,如屋顶墙面装饰、门窗种类及做法、家具与陈设等进行分析;对建筑的装饰特征,包括各种木雕、砖雕、石雕、泥塑、匾额、字画、油漆彩画等进行分析。

6.相关风俗特征分析

对营造风俗、使用方式等进行分析。

四、历史环境要素特色分析

对构成乡村传统风貌特征的井泉沟渠、壕沟寨墙、堤坝涵洞、石阶铺地、码头驳岸、庭院园林、古树名木以及传统产业遗存、历史上建造的用于生产、消防、防盗、防御的特殊设施或者其他有意义的历史印记等进行分析。

1.地域、民族特征

对历史环境要素的功能、所用材料和铸造工艺的地域、民族、时代特点进行分析。

2.体系化特征

对因村民生产生活的各种需求,如商贸交通、手工业生产、防御性等产生的历史环境要素的系列构成及相互间的关系进行分析。

3.技术与艺术特征

对历史环境要素在促进人与自然和谐、有效利用自然资源等方面的智慧和技巧进行分析。

五、非物质人文景观特色分析

1.传承与演变特征

对各项主要非物质文化产生与发展的原因及演变过程、传承现状等的分析。

2.地域与民族特征

主要是对非物质文化活动的地域性、民族性特点进行分析。

3.场所线路分析

主要指对非物质文化活动与乡村形态的关系、与村民生产生活的关联度进行分析。

4.实物用具特征

对用具制作的工艺、材料特征、使用方式等的分析。

六、乡村特色分析样本——以云南传统乡村为例

中国国土面积广阔,传统乡村也呈现出多样性和地域性的特点。鲁史古集村作为云南省首批入选中国传统乡村名录的乡村,具备云南乡村的典型性特征。云南省地处我国西南边陲,少数民族众多,多民族文化交融与独特的气候和地理环境,使得云南省传统乡村众多,原生态文化保留完整,传统乡村的独特性和多样性突出。

1.云南省自然因素与传统乡村特征

表2-4-1 云南省自然因素一览表

地形地貌	土壤	植被	水体	动物	气候
高山、溪谷、盆地、高原、坝子	地带性土壤类型、土壤的垂直地带分异	植被种类多样,地区差异性大:热带雨林、高山草甸	以天然水体景观为主:河流、湖泊、瀑布、湿地、滩涂、沼泽	种类众多	垂直型气候,热带—寒带气候景观

云南省地处低纬度高海拔地区,地理位置特殊,地形地貌复杂,气候基本属于亚热带高原季风型,气候的区域差异和垂直变化十分明显。年温差小,日温差大,降水充沛,干湿分明,分布不均。云南省西北部是高山深谷的横断山区,东部和南部是云贵高原。整个云南省西北高、东南低。气候的多样及地形地貌的多样性,成就了云南省物种的多样性,云南省素有"植物王国"和"动物王国"的美誉。例如滇金丝猴、绿孔雀、亚洲象、跳舞草、云南松、橡胶树、各类野生菌等动植物都是云南省的特色物种。

云南省自然环境的多样性、生物种群的多样性、气候类型的多样性,也直接形成了不同地区村庄的差异性。同时,由于云南省地形地貌以山地为主,山多谷深,传统乡村依山而建,多为典型的山地型村庄,地形地貌对村庄的形成与建设影响较大。

2. 云南省人文要素与传统乡村特征

表2-4-2　云南省人文要素与特征

民族	建筑	生产	文化
具有多个少数民族	以少数民族特色建筑为主	富有层次感的山地型农田景观:梯田、林地	少数民族文化浓厚

云南省是一个少数民族聚集的区域,主要民族有藏族、彝族、傣族、苗族、独龙族、壮族、怒族、傈僳族、哈尼族等,根据2020年第七次全国人口普查数据,云南省少数民族人口占云南省总人口的33.12%。民族多、分布广构成了云南乡村鲜明的地域特色。"大杂居、小聚居"的民族分布情况形成了云南省传统乡村显著的自然与民族的双重属性和特色。

云南省少数民族乡村分布广泛,地域的差异性也形成了不同材质、不同形式的建筑景观。受区域复杂多样的自然条件影响和限制,云南传统乡村民居建筑多适应当地自然环境,材料就地取材,乡村建筑具有明显的地域特点。

干栏式、土掌房、木垛房(井干式)和土木混合式是云南民居建筑的主要形式。其中干栏式建筑是云南省的主要代表性民居建筑形式,主要分布于滇西、滇西南和滇南等气候湿热的民族地区,最为典型的就是傣家竹楼。土木砖石结构是云南传统乡村民居建筑的主要形式,以大理白族的"三坊一照壁"为代表。土掌房是彝族传统民居的主要形式,主要分布在云南干旱少雨的高寒山区和河谷地带。井干式民居俗称"木垛房""木楞房"或"木垒子"。以普米族和纳西族的摩梭人的"木楞房"为主要代表。云南省乡村多以山地地形为主,耕地分散,经济作物种植差异化与多样性特征较明显,种植业规模化生产受限。云南乡村文化旅游产业近些年发展迅速,已逐渐成为推动云南省乡村经济发展的重要方式。云南省传统乡村丰富多样的自然资源、人文景观、民族文化、民间技艺成为其乡村旅游产业的重要支撑。

综上所述，自然要素和人文要素共同构成了云南省传统乡村的基本要素。云南省传统乡村多以山地型村庄为主，少数民族文化浓厚、地区差异性较大，产业发展特色呈多样性，建筑特点鲜明、形式多样，空间结构因地制宜，多受地形地貌制约。

我们应从乡村构成基本要素与传统乡村景观特色要素展开分析，从自然和人文两方面探讨乡村特色构成因素。人文景观以自然景观为基础，村庄的布局形式、建筑聚落及人文风情都受到地形、气候等自然要素的影响，乡村自然因素与人文因素相互作用形成了各具特色的乡村景观。我们还应针对云南省传统乡村的区域性特色因素进行分析，从而为鲁史古集村的景观特色构成与保护研究提供基础。

第五节
乡村景观特色构成方式

一、乡村景观构成方式

乡村景观的构成方式是其独特风貌和文化价值的重要体现，可以从自然环境、建筑布局、文化元素和功能分区等多个方面进行分析。以下是几种主要的构成方式。

1. 自然环境

地形地貌：乡村通常根据地形地貌进行选址和布局。山地乡村依山而建，形成梯田、坡地等景观；平原乡村则在平坦的地势上发展农业，形成广阔的农田景观。水乡乡村依水而居，形成河网交织的独特景观。

水系分布：水源是乡村生存和发展的基础。河流、湖泊、池塘等水体不仅提供了生活和灌溉用水，还构成了乡村美丽的自然景观。例如，江南水乡以小桥流水闻名，水系是其重要的景观要素。

植被覆盖：植被不仅美化环境，还具有防风固沙、保持水土的生态功能。乡村周围常见的植被包括森林、竹林、果园等，这些植被形成了乡村的绿色屏障和生态景观。

2. 建筑布局

民居排列：乡村民居的布局通常与自然地形相适应，形成错落有致的空间格局。四合院多呈方正布局，徽派建筑则沿山势错落分布。建筑材料因地制宜，采用木、石、土等当地资源。

公共建筑：乡村中心往往设有祠堂、庙宇、戏台、牌坊等公共建筑，这些建筑是公共生活的重要场所。它们的布局和装饰体现了乡村的社会结构。

生产性建筑：仓库、磨坊、作坊等生产性建筑分布在乡村的不同区域，与居住建筑共同构成了乡村的生产生活空间。这些建筑的布局通常考虑便利性和安全性，以提高生产效率和保障财产安全。

3. 文化元素

历史遗迹：古道、古桥、古井、古树等历史遗迹是乡村历史文化的重要载体。它们不仅具有历史价值，还为乡村增添了独特的文化景观。例如，古树常被视为乡村的守护神，古井则是村民日常生活的重要设施。

民俗活动：传统节庆、婚丧嫁娶、祭祀仪式等民俗活动是乡村文化的重要组成部分。这些活动通常在公共空间或重要建筑前举行，形成了具有文化意义的景观节点。

工艺美术：传统手工艺如织布、陶艺、木雕等，不仅是乡村经济的一部分，也构成了乡村的文化景观。这些手工艺产品常常装饰在建筑和公共空间中，体现了乡村的艺术氛围和文化特色。

4. 功能分区

居住区：居住区是村民日常生活的主要场所，其布局和形式因地域和文化而异。四合院、徽派建筑、傣族竹楼等都具有各自的特色。居住区的布局通常考虑家庭结构和生活方式，形成有序的空间格局。

生产区：生产区包括农田、果园、养殖场、作坊等，是乡村经济活动的主要场所。生产区的布局通常与自然环境密切相关，充分利用土地资源和气候条件。例如，梯田利用山地地形，既能防止水土流失，又能提高农业生产效率。

公共区：公共区是村民社会交往和公共活动的主要场所，包括广场、集市等。这些空间的布局和设施设计考虑了村民的集会、娱乐、交流等多种需求，形成了乡村的公共生活中心。

5. 交通网络

内部道路：乡村内部的道路系统通常根据地形和建筑布局进行规划，形成便捷的交通网络。石板路、青石巷、土路等不仅是交通的纽带，也是乡村景观的重要组成部分。

外部连接：乡村与外部世界的交通连接是乡村发展的重要条件。传统乡村常通过古道、桥梁等与外界联系，现代交通设施的建设也在不断提高乡村的可达性和便利性。

通过对自然环境、建筑布局、文化元素、功能分区和交通网络等方面进行详细分析，可以全面了解传统乡村景观的构成方式。这些要素相互联系，共同构成乡村的独特风貌和文化内涵，为乡村景观保护和发展提供了重要依据。

第三章
乡村的景观特色评价与保护理论基础

- 景观特色评价理论
- 乡村景观特色保护的理论依据
- 乡村景观特色保护原则
- 传统乡村景观特色的保护范围
- 设计驱动乡村景观保护的策略与方法

第一节
景观特色评价理论

景观评价是乡村景观特色甄别与评价的基础。景观评价理论和实践研究起始于20世纪。随着风景园林学科的发展，景观评价的研究和应用范围越来越广泛，研究者对于不同景观类型、景观规模甚至不同地区的景观都有了实践和理论的研究。

一、乡村景观评价的基本观点

基于专业与基于感知的方法区别在于景观的相关元素怎样被呈现，观景者在决定景观评价水平中的贡献程度。基于专业的方法把景观本身的物理特征转化为外在的设计参数，并将参数设计为景观评价的指标；基于感知的方法把景观的本身物理特征作为唤起与美学有关的心理反应的刺激，通过相关的感知知觉过程和干涉性的认知建造来判断景观的美感。

乡村景观评价的目的在于揭示乡村景观资源的优劣程度和存在的问题，检验规划实施后的乡村景观是否达到预期的目标，进而为乡村景观规划和乡村环境改善提供科学依据。目前，中国对乡村景观评价研究既有某个具体方面的评价，也有综合的整体评价。具体的评价主要集中在乡村生态环境、景观美学、人居环境等3个方面。

二、乡村景观特征评价方法

景观特征评价（Landscape Character Assessment）简称"LCA"，是一种通过对不同尺度区域开展景观调查、分析、评价并提出可持续发展决策的技术，目的是识别景观区域内最显著的景观特征及其形成因素，并提出具有针对性的指导建议，是景观特征评价的工具之一。它同时也是能够帮助理解景观的当前状态、形成过程和变化趋势的工具。其目的不是评价景观的好坏，而是系统地记录景观的特征、格局和特点，并解释其随时间的变化，确保变化和发展不会破坏特定景观的特征或有价值的特点，并且考虑提升和强化景观特征的方法，是一种理解景观内涵，发现景观问题，指导规划建设实践的有力工具。景观特征评价是一种识别乡村景观特色的有力工具，对于保护、恢复、管理和提升有乡土气息或有特色的乡村风貌具有指导作用。应调查包括村庄及其周边，以及与乡村有较为紧密的视觉、文化关联的区域。乡村指乡村建成区及周边一定范围。村域指与乡村主要控制点有视觉与文化关联的村域范围。区域指与乡村有社会、经济、文化联系的一定区域范围。

1. 层次分析法

层次分析法是美国运筹学家托马斯·萨蒂于20世纪70年代提出的一种定性与定量分析相结合的多目标决策分析方法，它是一种定性和定量相结合、系统化、层次化的分析方法。层次分析法建立评价指标体系，对评价对象进行评价；评价的目的一般是得出景观"好"和"差"的区域，从而有针对性地提出提高景观质量、提升景观价值或完善生态系统服务的对策。

2. 美景度法

美景度法属于心理物理模式中最为常见的评价方法。该方法把"景观—审美"的关系理解为"刺激—反应"的关系，将景观物理特征和测试者的景观感知及偏好之间建立数学关系，评判结果由景观本身的特征和评判人员的审美尺度两个方面决定，是主观和客观评价相结合的方法。

总之，对传统乡村景观特征评价的目的在于寻找传统聚落中具有标志性意义或代表性特征的景观因子，分析传统乡村景观特色构成因素与其存在方式、分布规律与内在联系，进而提出包括乡村景观"可达度"和"敏感度"的评价指标体系，在对乡村景观充分认知的基础上，合理开发、利用、保护、保存乡村景观。

图 3-1-1　乡村景观风貌

第二节
乡村景观特色保护的理论依据

一、景观设计理论

　　景观设计学是关于景观的分析、规划布局、设计、改造、管理、保护和恢复的科学和艺术。景观设计学是一门建立在广泛的自然科学和人文与艺术学科基础上的应用学科。尤其强调土地的设计,通过对有关土地及一切人类户外空间的问题进行科学理性的分析,设计问题的解决方案和解决途径,并监理设计的实现。

　　根据解决问题的性质、内容和尺度的不同,景观设计学包含两个专业方向,即景观规划(Landscape planning)和景观设计(Landscape design)。景观规划是指在较大尺度范围内,基于对自然和人文过程的认识,协调人与自然关系的过程。具体为某些使用目的安排最合适的地方和在特定地方安排最恰当的土地利用,对这个特定地方的设计就是景观设计。

二、旅游心理学原理

　　旅游心理学主要研究的范畴包括:旅游者心理品质、心理活动及相应的旅游行为,还涉及旅游服务心理和旅游企业管理心理,它们从旅游知觉、旅游动机、旅游需求、旅游态度、旅游决策、人格与旅游方式、旅游偏爱、满意度等角度研究旅游活动过程中人的心理规律。旅游心理学对于传统乡村的旅游规划具有一定的启发性。国外一些学者根据旅游地循环发展理论提出旅游地的发展循环过程经过6个阶段:探查阶段、参与阶段、发展阶段、巩固阶段、成熟阶段、衰落或复苏阶段。这为传统乡村旅游产业发展提供了理论支持。

三、景观生态学理论

　　景观生态学（Landscape ecology）是研究在一个相当大的区域内,由许多不同生态系统所组成的整体(即景观)空间结构、相互作用、协调功能及动态变化的新的理论体系。景观在自然等级系统中,一般认为是比生态系统高一级的层次。景观生态学以整个景观为研究对象,划分景观的结构,强调空间异质性的维持与发展,以及生态系统之间的相互作用等。景观生态学提出以"斑块-廊道-基质"模式为基础的生态结构对协调乡村景观空间异质性、构建合理化的乡村发展格局、提升乡村人居环境质量、实现全方位科学性乡村特色保护提供了理论参考。我国乡村聚落在区域自然条件、地理气候等生态环境因素方面存在差异,利用生态学原理协调不同背景下的传统乡村特色保护与环境生态保护之间的关系,营造生态良好、自然优美、特色鲜明的传统乡村景观环境,促进乡村特色资源的产业化发展,特别是促进乡村旅游产业的健康发展,对实现乡村的生产、生活、生态全面可持续发展起着积极作用。

四、生态伦理学理论

　　生态伦理学是一门以"生态伦理"或"生态道德"为研究对象的应用伦理学,它从伦理学的视角审视和研究人与自然的关系。"生态伦理"不仅要求人类将其道德关怀从社会延伸到非人的自然存在物或自然环境,而且呼吁人类把人与自然的关系确立为一种道德关系。根据生态伦理的要求,人类应放弃算计、盘剥和掠夺自然的传统价值观,转而追求与自然同生共荣、协同进步的可持续发展价值观。生态伦理学对伦理学理论建设的贡献,主要在于它打破了仅仅关注如何协调人际利益关系的人类道德文化传统,使人与自然的关系被赋予了真正的道德意义和道德价值。生态伦理学认为,人们爱护大自然是出于对大自然的内在性、独立性的尊敬或敬畏,要充分认识到大自然的价值。在生态伦理学的道德评价体系中承认人的尺度,同时又承认物的尺度;既要看到价值的主观性一面,又看到价值的客观性一面;既承认自然物对人所具有的使用价值,又承认自然物所具有的不以人的意志为转移的内在价值。

　　生态伦理观将自然纳入人类社会活动的道德范畴,人之外的生命或非生命形态都应该值得尊重,这从根本上改变了自然的从属地位。生态伦理学对乡村旅游发展有着重要意义。要确定游客的合理容量,在开发建设的同时注意人类活动对环境的影响,突出可持续发展的理念,从"人本主义"上升到"天人合一"。

第三节
乡村景观特色保护原则

一、乡村整体性保护原则

乡村特色的构成有其物质形态，包括自然环境、建筑风貌、文化遗迹等内容；也有非物质形态，包括居民生活方式、民俗文化等。乡村特色的完整性是以乡村的人居形态为基础的乡村物质形态和非物质形态的整体性保护。

二、乡村原真性保护原则

传统乡村的特色都具有其独特属性和不可复制性。传统乡村布局、建筑构筑、街巷空间、历史文化遗迹及乡村整体风貌等方面的特色正是基于其特定时间和空间特征形成的。传统乡村特色保护就是对于其形成发展因素的尊重，对于乡村原始形态及物质呈现的原真性保留。传统乡村因地制宜与自然和谐共生的关系、生态环保就地取材的建造技术以及民族杂居文化融合的文化形态等乡村特色构成因素是我们在乡村保护过程中应该重视的内容。

三、产业带动型保护原则

乡村的保护不仅是乡村景观和乡村环境的修复，保护过程中还有妥善处理人居环境、增加居民收入、增强文化自信和弘扬特色文化等方面的矛盾，这亦是对于乡村可持续保护的基本要求。结合乡村特色，大力发展乡村旅游产业、文化产业，带动居民增收，加强基础设施建设，定期对建筑物进行维护，改善卫生条件，实现乡村保护的良性发展。

四、分区分级保护原则

乡村特色的保护,是基于对于乡村核心资源和区域的分析,协调乡村保护的完整性与乡村发展的关系,以乡村现状和历史文化资源的分布为基础,划区域分级保护,并设定不同的修缮、保护及建设标准。传统乡村应以核心保护区为保护重点,设置建设控制区、风貌协调区等区域类型,并进行分区分级保护。

第四节
传统乡村景观特色的保护范围

　　根据我国传统乡村特色的一般特性,结合云南省传统乡村地域特色,本书联系案例云南凤庆县鲁史古集村的传统乡村风貌特征和村庄现状,从乡村景观特色构成的"物"与"人"两个方面探讨传统乡村景观保护的范畴和内容,从而有效地实现传统乡村的传承性保护,让乡村保护与乡村发展良性循环,延续文脉。

一、乡村自然景观的协调

　　乡村自然景观有别于城市景观和自然景观。乡村自然景观的最大特点就是其特定地域背景下生产生活方式自发形成的田园风光。乡村自然景观有其生产性、地域性和自发性特点。乡村自然景观在农业背景下满足生产、生活的需要,其生产性决定了乡村自然景观带有一定的人工痕迹。乡村自然景观也是其无意识创造的人与自然依存关系的最佳平衡(见图3-4-1)。在传统乡村空置地可以进行适度的绿化调整,但应以不破坏乡村整体风貌和景观视线为基础。绿化应选用当地典型的乡土植被为主,忌用不适宜当地气候类型的贵重苗木,避免人工过于修饰,以体现乡村整体和谐的田园自然景观风貌。保护聚落周边田园风光和自然生态环境原貌,并加强植被绿化,使聚落处于优良的生态基质背景之中,体现"田园—乡村—林地"和谐的景观层次。

图 3-4-1　乡村自然景观相互协调

二、乡村人文景观的保护

传统乡村的人文景观是乡村景观特色的重要构成内容。传统乡村中的寺庙、民居、院落、牌坊等历史遗存往往构成了传统乡村的人文景观廊道。应在保护方式上强化古村街巷体系,重点保护民居建筑和历史遗迹,重点拆除或整改传统乡村区域内与整体风貌不协调的构造物,维护乡村人文景观的原真性和整体性。应结合乡村公共空间现状,对乡村重要节点空间进行景观重塑。同时积极探索政府引导、市场运作、社会参与的保护模式,保持乡村人文景观的延续性。例如皖南歙县郑村镇棠樾村在对于人文景观的保护方面,针对古民居,按照"修旧如旧""一幢一策"原则修缮保护,并分期将这些古民居纳入旅游合作社,投资 2 600 余万元,成立了棠樾牌坊群传统民居开发中心。棠樾村人文景观在保护方式及保护模式上的探索,为鲁史古集村人文景观的保护提供了借鉴(见图 3-4-2)。棠樾村已成为古徽州乡村旅游的精品路线。

图 3-4-2　乡村人文景观的保护

三、乡村社会景观的保持

  传统乡村景观特色的保护涵盖了物质文化遗产和非物质文化遗产两部分。传统乡村社会景观是以乡村环境为背景,在民族风俗、生产生活、风土人情和文化氛围等方面的整体。没有社会景观的保持和延续,对传统乡村的保护仅仅是静态的保护,传统乡村也将失去其文脉传承、内在价值和生命力。强化乡村社会生活形态的延续,注重无形的文化遗产的保护,强化村民在乡村保护中的角色价值,也是传统乡村保护的重要内容。例如云南泸西县城子村为村民丰富的民俗文化活动提供展示延续的场所,使村民共享乡村保护的红利,村民的生活形态融入乡村保护体系,较好地维护和展示了传统乡村的原真风貌。传统乡村社会景观的"活态"化延续,是激活传统乡村活力、构建起"乡愁情怀"的必然要求(见图3-4-3)。

第三章 | 乡村的景观特色评价与保护理论基础

053

图 3-4-3 乡村社会景观的保护

第五节
设计驱动乡村景观保护的策略与方法

乡村景观作为乡村文化的重要载体，是承载乡村记忆与情感的重要场所。随着乡村振兴战略的推进，如何在保护乡村景观的同时，推动其现代化发展，成为亟待解决的问题。设计作为一种重要的手段，不仅能够改善乡村的居住环境，还可以通过景观的保护与利用，促进乡村的经济、社会、文化等多方面的发展。本节将探讨设计驱动乡村景观保护的策略与方法，力求为乡村景观的保护与发展提供可行的路径。

一、乡村景观保护的重要性

1. 推动乡村文化传承

乡村景观是乡村文化的具体体现，它记录了乡村的历史、风俗和传统。保护乡村景观，可以保留那些承载着历史记忆和文化价值的建筑、街道和自然环境，这些元素不仅是乡村文化的象征，更是村民情感记忆的重要部分。对乡村景观的保护，还可以增强村民的文化认同感和归属感。此外，通过文化活动、教育和乡村旅游等方式，将乡村的历史文化资源转化为教育和经济资源，可以进一步推动乡村文化的传承和弘扬。

2. 维护乡村生态平衡

许多乡村景观具有独特的生态资源，如古树名木、自然水系等，保护这些生态资源不仅有助于维护生态平衡，促进人与自然的和谐共生，同时也可以为乡村带来新的生态和经济效益。通过科学的保护措施，如生态修复、植被保护、水资源管理等，可以改善乡村的生态环境，提高生物多样性，增强生态系统的稳定性。此外,保护和利用这些生态资源,还可以发展生态旅游和绿色产业,助推乡村振兴发展。

3.促进乡村经济发展

乡村具有独特的旅游资源,通过合理的开发和利用,可以吸引游客,带动乡村旅游业的发展,增加村民的收入,推动乡村经济的可持续发展。发展乡村旅游,不仅可以展示乡村的自然风光和文化魅力,还可以促进农产品、手工艺品等特色产业的发展,形成旅游与产业的良性互动。旅游业的发展,还可以带动基础设施的改善和服务业的兴起,提高村民的生活水平,增加就业机会,推动乡村经济的全面振兴。

4.促进乡村人才回流

保护乡村景观,在提升村民生活质量的同时,也能增强社区凝聚力和向心力。通过营造美丽宜居的和美乡村环境,可以吸引年轻人回流,缓解乡村空心化问题。通过保护和改善乡村景观,营造出宜居宜业的环境,不仅可以吸引年轻人回乡创业和生活,还可以吸引外地人才和投资者的关注,从而提高村民的生活质量,增强社区的凝聚力和向心力,形成健康、有活力和可持续发展的乡村社会。

二、设计驱动乡村景观保护的策略

规划乡村景观保护需要从整体出发,制定科学的规划。规划应包括乡村的空间布局、景观要素、交通网络、基础设施等内容,确保各项要素的协调发展。通过整合乡村的自然资源和人文资源,形成具有特色的景观结构。

1.资源整合——定位保护

根据乡村的不同区域特点,制定相应的保护措施。对具有高历史文化价值的区域,如古建筑、历史街区、传统民居等,应进行重点保护,确保其原貌和文化内涵得到保存和传承。对生态环境脆弱的区域,如湿地、河流、森林等,应实施生态修复,通过植被恢复、水土保持和生物多样性保护等手段,增强其生态功能和环境承载力。对于具有较大经济发展潜力的区域,如交通便利、资源丰富的地带,应进行合理开发,注重资源的可持续利用,避免过度开发和资源浪费。这样的分区保护策略能够最大化地利用资源,确保保护与发展的平衡,既保护乡村的历史文化和自然生态,又推动经济的可持续发展。

2. 村民参与——设计共创

乡村景观保护离不开村民的积极参与和支持。在设计共创过程中,通过多种形式的宣传教育、利益共享等方式,提高村民的保护意识和参与积极性,使他们成为乡村景观保护的积极推动者和受益者。建立居民参与机制,让村民在景观保护和管理中发挥主动作用,在乡村景观保护和设计过程中,采用设计共创的方式,充分发挥村民的智慧和创造力。设计共创是一种开放、包容的设计方法,通过多方参与和合作,共同创作出符合实际需求和文化内涵的设计方案。工作坊和研讨会:组织村民、设计师、专家等参与设立工作坊,开展研讨会,共同讨论和设计景观保护方案。通过讨论和交流,收集多方意见和建议,形成综合性设计方案。参与式设计:在设计过程中,邀请村民参与到具体的设计环节,如设计草图、模型制作等。通过实地考察和调研,了解村民的实际需求和愿望,将其融入设计中。设计师可以通过与村民的互动,了解他们的生活习惯、文化传统和情感诉求,使设计方案更加贴近实际和富有文化内涵。共创活动:开展形式多样的共创活动,如艺术创作、手工制作、社区花园等,增强村民的参与感和认同感。这些活动不仅可以提升村民的设计能力和审美素养,还可以增强社区的凝聚力和向心力。

3. 多元合作——价值共创

乡村景观保护需要政府、企业、社会组织、设计师等多方力量的共同参与。通过建立合作机制,整合各方资源,形成合力,共同推进乡村景观的保护与发展。政府应发挥主导作用,制定政策法规,提供资金支持,推动景观保护项目的实施。企业可以通过资金、技术和管理经验的投入,支持景观保护和开发项目,实现企业社会责任与乡村发展的双赢。社会组织,如环保组织、文化保护协会等,可以提供专业的技术支持和咨询服务,开展志愿活动,增强社会参与度。通过这种政府主导、企业参与、社会组织协同的多元合作模式,可以形成政府、企业、社会组织和村民之间的良性互动,共同推动乡村景观的保护与可持续发展。

三、设计驱动乡村景观保护的方法

1. 调查与分析

(1) 现场调研(见图3-5-1)

针对历史与文化的调研：收集乡村的历史背景、文化遗产资源和传统习俗。通过查阅历史文献法、访谈法、田野调查法等,同时记录乡村的发展历程、重要历史事件和文化活动。同时,注意识别乡村中的古建筑、文物和传统手工艺,了解其现状和保护需求,为后续的保护工作做准备。

针对生态与环境的调研：记录乡村的自然资源,包括植被、动物、地形环境等。通过实地考察和专家评估,绘制乡村的植被分布与生物多样性分布图,标记重要的生态区域和生物多样性热点。同时,了解乡村周边的水土资源状况,包括河流、湖泊和地下水,评估其水质和生态健康。

针对乡村现状的调研：了解当地村民的生活习惯、经济活动和对乡村景观保护的需求与期望。通过问卷调查、访谈和社区会议等,广泛收集村民对景观保护的意见和建议,了解他们对环境问题的看法和期望,为后续设计奠定民众基础。

图3-5-1 乡村现状调研

(2) 数据评估分析(见图3-5-2)

生态价值评估：评估自然资源的生态价值和保护优先级。使用生态学方法分析乡村的生态系统服务,如水源涵养、土壤保护和气候调节,确定优先保护的生态区域。

文化价值评估：确定具有重要文化意义的景观和建筑。通过文化景观评估，识别和分类文化遗产，制定保护优先级，确保文化资源得到有效保护。

图 3-5-2　乡村数据分析示意

2.规划与设计

(1)明确乡村保护目标

生态保护目标：保护生物多样性和自然生态系统。制定具体的生物多样性保护计划，恢复和保护濒危物种的栖息地，维护乡村生态系统的稳定性和价值。

文化保护目标：保存和传承具有历史和文化价值的景观和建筑。如通过修缮和维护，保持传统建筑的原貌，保护具有文化价值的古树名木，设立文化展示区，展现乡村的历史和文化。

乡村发展目标：提高村民生活质量，促进经济可持续发展。通过生态旅游、绿色农业和手工艺品生产等可持续经济活动，提高村民收入，改善基础设施和公共服务。

(2)制定设计方案

生态修复设计方案：包括园林景观植被恢复、湿地保护和水资源管理等。选择适应当地环境的植物进行种植，恢复生态植被，建立乡村生态大景区。

文化景观设计方案：保留和修复具有文化价值的建筑和景观，创建文化展示区，保护和修复传统民居、古庙和祠堂等文化遗产，设置文化展示馆和文化长廊等，展示乡村的历史和文化。

基础设施设计方案：改善基础设施，如道路、排水系统和垃圾处理设施等。修建和维护乡村的道路，确保交通便利和安全，建设高效的排水和污水处理系统，完善垃圾分类和回收设施，保持乡村的整体风貌。

3. 村民参与设计

(1)组织村民参与

宣传教育：通过工作坊、讲座和宣传资料发放等，不断提高村民的环境保护意识。邀请专家和学者举办乡村风貌保护讲座，提高村民的自主保护意识和积极性。这是其中的重要一环，是建立可持续乡村景观风貌保护的关键，是真正的内核要素。如果村民自主的积极性不高或者只是被动地参与，那对乡村的景观风貌保护只能流于表面。

决策参与：邀请村民参与景观保护方案的制定和决策过程，确保他们的需求和意见得到充分考虑，调动村民的积极性，保证设计的真实性。设立村民共同参与的委员会，定期召开会议，讨论和评审景观保护方案等，确保村民的想法得到充分体现。

设计建设与实践：组织村民参与具体的保护和修复工作，如植树造林、河道清理等，并建立一定的奖励与分红机制。定期组织环保志愿活动，鼓励村民参与植树、清理垃圾等活动，维护生态环境，增强乡村的村民凝聚力和社会责任感。

(2)合作机制

多方合作：建立村民、政府、非政府组织和专家之间的合作机制，整合资源和力量，共同推进景观保护工作。建立合作伙伴关系，签订合作协议，明确各方的职责和义务，确保合作的长期稳定和有效。

技术支持：引入专业设计和环境保护团队，提供技术指导和培训。邀请环保专家、生态学家和设计师参与项目，提供技术咨询和支持，组织专业培训，提高村民的技能和知识水平。

4.生态保护与设计建设

(1)就地取材

选择适应当地气候和土壤条件的植物进行种植,搭建以地方植被为核心的乡村"生态大景区"。建立生态植物种植园,保存和繁育本地植物,确保种植材料的来源和质量。

(2)就地防护

做好对景观植被的保护工作,通过种植植被和修建护坡等措施,防止水土流失和土地侵蚀。建设生态护坡和植被缓冲带,采用相应的生物工程技术等,在稳定坡面和河岸的同时,防止侵蚀和泥石流。

(3)持续保护

保护和修复乡村周边的湿地,增强其水质净化和洪水调节功能。制定湿地保护规划,开展湿地修复工程,建立湿地保护区和生态示范区。

5.文化遗产保护

(1)传统建筑保护

修复与维护设计:对具有历史和文化价值的传统建筑进行修复和维护,保持其原有风貌。按照传统工艺和材料进行修缮,确保建筑的历史真实性和完整性,定期检查和维护,延长建筑的使用寿命。

文化展示设计:设立文化展示区,展示传统建筑、工艺和生活方式,吸引游客和增加村民收入。设置文化展示馆、工艺坊和民俗展览,展示传统建筑的内部结构、装饰和家具,推广传统工艺和手工艺品,吸引游客参观和购买。

(2)非物质文化遗产保护

文化活动:组织和支持传统节日、手工艺和民俗活动,促进文化传承。举办传统节日庆典、手工艺比赛和民俗表演,鼓励村民参与和传承,增强社区的文化认同感和凝聚力。

教育项目:在乡村内开展文化教育项目,传授传统技能和知识。开设文化课程和工艺培训班,邀请文化遗产传承人和专家授课,培养下一代传承人,确保文化遗产的持续传承。

6.可持续发展

(1)生态旅游

旅游项目开发：开发与自然、文化景观相关的生态旅游项目，如自然徒步、文化参观和农事体验等。设计多条生态旅游线路，结合自然景观和文化遗产，提供丰富多样的旅游体验，吸引不同类型的游客。

旅游基础设施：建设必要的旅游基础设施，如游客中心、指示牌和休息区等。设置游客接待中心，提供导游服务和信息咨询，建设观景平台、步道和休息区，确保游客的安全和舒适。

(2)生态经济

农业升级：推广生态农业和有机农业，提高农产品附加值。开展农业技术培训，引进高效环保的农业技术和设备，推广有机种植和生态养殖，提升农产品质量和市场竞争力。

手工艺发展：支持本地手工艺品的生产和销售，增加村民收入。设立手工艺合作社，提供技术培训和市场推广，支持手工艺品的研发和创新，拓展销售渠道，提升手工艺品的品牌价值。

(3)监测与评估

环境监测：建立环境监测系统，定期监测水质、空气质量和生物多样性等指标。安装监测设备，定期采样和检测，记录和分析数据，及时发现和解决环境问题。

文化监测：评估文化遗产保护和传承的效果。建立文化遗产数据库，定期更新和评估，记录文化活动和传承情况，分析和改进保护措施。

(4)反馈与改进

反馈机制：建立村民和利益相关方的反馈机制，定期收集意见和建议。设立意见箱和反馈热线，定期组织座谈会和评审会，收集和分析反馈，改进保护措施和策略。

动态调整：根据监测结果和反馈意见，动态调整景观保护方案和措施，保证保护效果和可持续性。定期评估项目进展，分析和总结经验教训，调整和优化方案，确保景观保护的长期效果。

通过以上方法，设计驱动的乡村景观保护不仅可以有效地保护自然和文化资源,还能促进乡村的可持续发展和社区的共同参与。这种综合性的方法能够实现生态、文化和经济的多赢,为乡村的未来发展奠定坚实基础。这不仅有助于提高村民的生活质量,还能为后代留下美丽、健康和充满活力的家园。

第四章
乡村景观风貌保护实践案例一：云南凤庆县鲁史古集村规划实践

- ⊙ 鲁史古集村自然景观特色
- ⊙ 鲁史古集村人文景观特色
- ⊙ 鲁史古集村现状分析
- ⊙ 鲁史古集村乡村景观保护面临的问题
- ⊙ 鲁史古集村景观特色保护策略
- ⊙ 鲁史古集村乡村格局和风貌保护
- ⊙ 鲁史古集村文化旅游产业开发建议
- ⊙ 乡村景观特色保护建议和展望

鲁史镇是云南省历史文化名镇,被誉为滇西茶马古道上的"第一要塞",是云南省第一批中国传统乡村名录中的乡村和历史文化名镇。特殊的历史文化和地域背景形成了鲁史古集村独特的乡村景观风貌,具有较高的社会、历史、科学和文化艺术价值。云南省以执行《云南省城乡规划条例》为契机,积极创建历史文化名村、国家级传统乡村等,在乡村特色挖掘、推动新农村建设等方面取得了巨大的成就,在长期的历史发展过程中,形成了其独特的历史文化风貌,具有较高地域性的社会、历史、科学和文化艺术价值。

第一节
鲁史古集村自然景观特色

一、区位特色

鲁史古集村核心区坐南朝北,依山而建,以四方街为中心,东西长 800 m,南北宽 538 m,总面积 0.43 km²。位于临沧市凤庆县城东北部,距凤庆县城 82 km。地处澜沧江、黑惠江两江之峡,东邻新华乡,南与大寺乡、小湾镇隔江相望,西与保山市昌宁县相接壤,北与诗礼乡毗邻,以黑惠江与大理市巍山县为界(见图 4-1-1)。

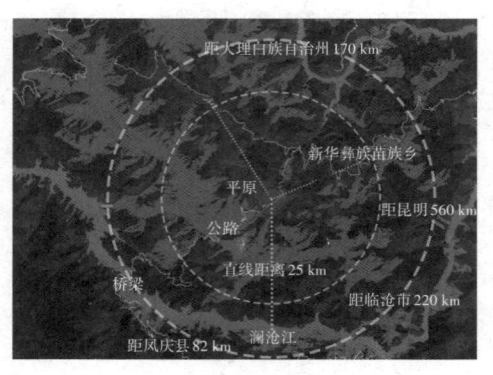

图 4-1-1 鲁史古集村区位图[①]

---

① 因篇幅受限,本书对区位图、设计图等仅作示意展示,数据可能不全,色彩可能不能完全呈现,不影响本书阅读目的,下同。

二、气候特色

鲁史镇属低纬度高原中亚热带季风气候,境内最高海拔2 970 m,最低海拔970 m,海拔高差大,立体气候明显,高差与温差成反比。年平均气温15.1 ℃。气候温和,日照充足,夏无酷暑,冬无严寒,四季如春,雨量集中,干湿分明。

三、环境特色

鲁史古集村位于澜沧江与黑惠江之间的江峡坡地,山峰对峙,三面环水,林木郁茂,具备优越的地理条件和山水构架。古乡村在云雾缥缈的山林与梯田间若隐若现,仿佛世外桃源般恬静、安宁。鲁史古集村拥有良好的生态环境及优美的自然景观,向南行5 km,便进入五道河万亩原始森林,百年杜鹃和野生古茶树群落生长茂盛。鲁史古集村被云南省政府选列为省级历史文化名镇和省级特色景观旅游名村(见图4-1-2)。

图4-1-2 鲁史古集村乡村周边环境

四、自然资源特色

鲁史镇境域拥有五道河国家级原始森林保护区、澜沧江百里长湖自然风光带、野生古茶树群等自然景观资源。植物资源丰富,森林覆盖率达66.88%,寒温带、亚热带植物均有分布。属针叶、阔叶、乔木、灌木交错杂生带,温热山区多为针叶林。常有的药材包括防风、藿香、紫苏等二三百种。境内菌类珍贵品种有鸡板、青头菌、红菌、牛肝菌等15种。境域内河流分属澜沧江、黑惠江两大水系,境内生态环境多样,生物群落组合复杂,野生动物种类多达数十种(见图4-1-3)。

图4-1-3　鲁史古集村自然环境

第二节

鲁史古集村人文景观特色

一、乡村格局特色

鲁史古集村坐落在山地缓坡地带,坐南朝北依山而建,乡村布局紧凑,东西长800 m,南北宽538 m,整体风貌相对完整(见图4-2-1)。主要街道平行于等高线,巷道垂直于等高线布置。滇西茶马商道从下平街南形似大门的两株百年古树中间进入南北楼梯街。

乡村以四方街为中心点呈圆形分布。当地街巷布局较窄,建筑挑檐出挑较多,较好满足了遮阳、避雨及排水功能,以适应当地夏季高温多雨的气候。"街—巷—庭院"的布局模式有序地连接了喧闹街道和安静庭院,构成"三街、七巷、一广场"的空间格局。

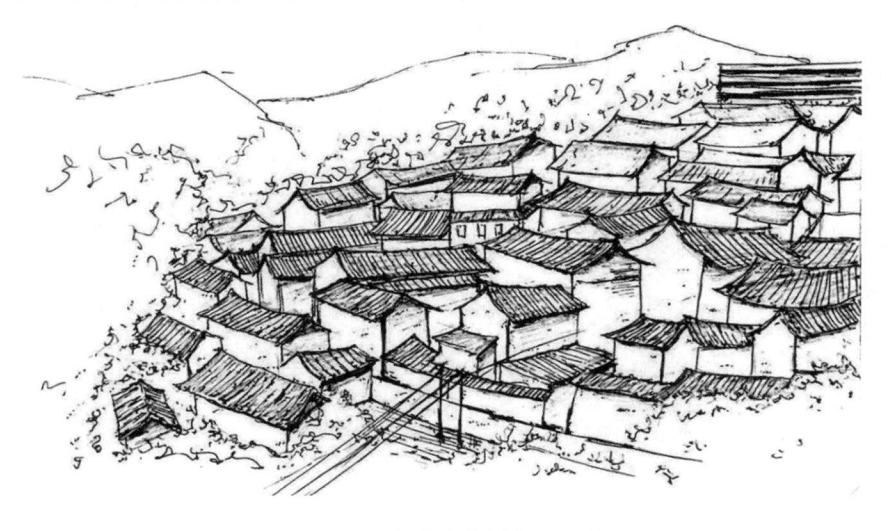

图4-2-1　鲁史古集村依山而建

二、传统街巷特色

街巷空间作为传统乡村重要的公共空间,不仅是串联乡村各场地的道路交通,也是公共交往的重要社交场所。鲁史古集村街巷的布局依山就势,临街建筑多为商铺,形成东西平街、南北楼梯街、中间四方街。三条主街道串联起七条小巷。街巷道路由本地石材作为铺装材料,民居界面围合出巷道空间,620余户人家居住其中,呈现出古朴、闲适、恬静而独特的山村街巷风貌。"半为山村半为市,可作农舍可作商"是对鲁史古集村的真实写照(见图4-2-2、图4-2-3)。

图4-2-2　鲁史古集村街巷

图4-2-3　鲁史古集村传统街巷

三、民居建筑特色

鲁史古集村建筑主要是以"三坊一照壁、四合五天井"合院式建筑为主体，布局随地形变化调整增减，整体特色鲜明（见图4-2-4）。

图4-2-4　鲁史古集村建筑组图

鲁史古集村传统民居建筑布局平面特色鲜明,有两坊拐角、三坊一照壁、四合五天井、前后院、一进两院等几种平面形式,以适应当地气候条件和满足生活功能需要(见图4-2-5)。民居建筑依山而建,建筑布局大多坐南朝北,房屋门窗朝向天井或院落,便于采光通风。正房通常为一楼一底三开间,硬山或悬山两面坡覆瓦屋顶,素土或砖砌墙体。院落内栽花植树造景,大门临街开设,建筑工艺与建筑细节装饰融入大理白族民居及江浙民居的建筑风格和造型元素,整体具有典型的传统汉式民居建筑特点。主要代表建筑有宗家大院、骆家大院、甘家大院、戴家大院等。

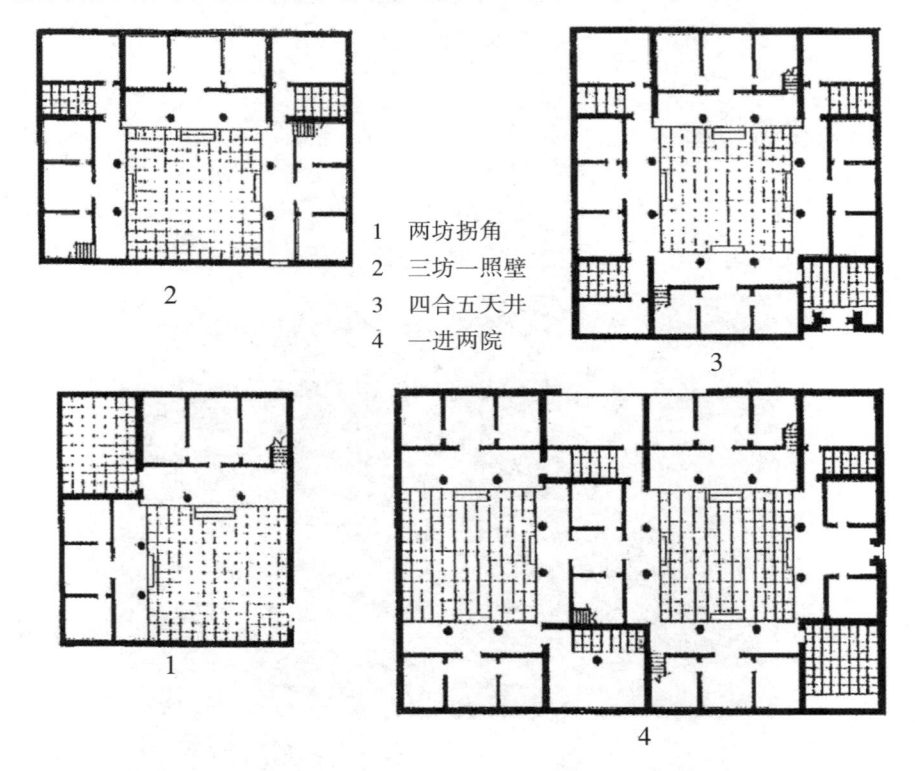

1　两坊拐角
2　三坊一照壁
3　四合五天井
4　一进两院

图4-2-5　鲁史古集村建筑布局形式

鲁史古集村民居建筑以抬梁式和穿斗式结构为主,多由青砖土墙构筑,屋顶两面坡。建筑立面延续了传统木雕工艺,造型洒脱生动,立面材料简朴自然,色调素雅,具有生活情趣。各部分比例关系协调,门楼、照壁、铺地、门窗装修精美雅致，丰富但不华丽，精美但不烦琐，既朴实又雅致，具有鲁史镇鲜明的地方特色与独特的审美价值（见图4-2-6）。

图4-2-6　古集村建筑门楼细节

四、乡村文化特色

1. 商贾汇集、地域融合

茶马古道贯穿于滇西崇山峻岭之间（见图4-2-7）。商业贸易形成了由南向北的鲁史走廊。历史上，鲁史的驿道每日往来马帮数百匹，多达上千匹。20世纪70年代，鲁史镇长年还有马帮驮马1 000多匹，成立有民间运输站。时至今日，驿道上驮运货物的骡马仍络绎不绝。

茶马古道历史悠久，四百年间人们不断将云、贵、川、苏、赣、浙等地区的布匹、盐等生活用品带到鲁史镇进行商品贸易。随着古镇集市贸易的繁荣，更多的商人不断涌入，外籍商人就在鲁史镇上以同乡会的形式建立大理会馆、西蜀会馆、川黔会馆等商会组织，形成了鲁史古集村地域融合的文化特色。

2. 文化遗存、内容丰富

鲁史镇形成于1302年，拥有700多年的历史。鲁史，原称阿鲁司，曾是滇缅茶马古道的咽喉重镇，号称"茶马古道第一镇"。2013年3月茶马古道鲁史段被列为第七批国家级重点文物保护单位（见图4-2-7）。已有400多年历史的鲁史古集村，是滇西保存较为完整的国家级传统乡村，也是云南历史文化名镇。

图4-2-7　国家级重点文物保护单位

3.古树围墙

传统风水理念在鲁史古集村的兴建中得到体现。村民在乡村四周植树育林以修补和培育风水。乡村绿树环抱，60余株300多年的古树将鲁史古集村掩映在一片青山之间，形成良好的乡村自然景观(见图4-2-8)。特别值得一提的是古道入街口处两株栽植于清嘉庆年间的大青树，犹如一对门神，守护着百年乡村，护卫着来往马帮。位于兴隆寺大门外、由永明法师亲手栽培的菩提榕，树干曲若游龙，苍劲古朴，见证着历史变迁。

图4-2-8　鲁史古集村古树

4. 兴隆寺

据史料记载，该寺为永明法师于明末清初创建，布局为两进、三殿、六个天井，殿宇飞檐翘角。兴隆寺规模宏伟，原有大小殿堂12间，现保存较为完好的是正殿，为临沧市第二批市级文物保护单位（见图4-2-9）。

图4-2-9　兴隆寺

5. 文魁阁

文魁阁又称魁星阁，阁高10 m，分3层，飞檐翘角、巍峨壮观，清末民初由地方绅民倡议修建。顶层供奉魁星，乌纱红袍端坐台上，手握朱笔面向古镇，预示鲁史学子有望金榜题名，现为临沧市第二批市级文物保护单位（见图4-2-10）。

图4-2-10　修缮后的文魁阁

6.大水井

大水井作为当地居民生活用水的取水点,井水水质清澈甘甜,井口台阶倾斜延伸,方便居民取水。每临月夜,月光入井,三股汩汩的水花从井底喷出,形成"古井印月"的生动景致。井水冬不枯,夏不盈,孕育古镇,抚育一方(见图4-2-11)。

图4-2-11 鲁史古集村大水井

7.古戏楼

戏楼由鲁史乡绅甘遇春带头捐资,于民国十八年(1929年)建成。当年鲁史古集村商贾云集,热闹繁华。戏楼建成后,由滇戏"玉和帮"首演,盛况空前。当地有钱人家生儿嫁女,百姓盖庙求神,天旱拜龙王,逢年办庙会,都要请戏班来此演唱。其现为临沧市第二批市级文物保护单位(见图4-2-12)。

图4-2-12 鲁史古集村戏楼

8. 阿鲁司官衙旧址

阿鲁司官衙即明代阿鲁司巡检司办公遗址,现为临沧市第二批文物保护单位,是明代万历二十六年(1598年)设置的行政和军事管理机构。官衙旧址在当地俗称"衙门"。建筑大门朝向四方街,院落由设为牢狱的前院、土木结构的正厅和左右厢房及作为官宅的后院三部分组成,前后两院现已改造为民俗酒店(见图4-2-13)。

图4-2-13 阿鲁司官衙

9. 楼梯街

滇西茶马古道从街南的两株百年古树间进入楼梯街,绕古道北出栅子门,鲁史古集村楼梯街是至今保存较为完整的茶马古道过境段,街道石板斑驳的马蹄印记录着过去的繁华。楼梯街也是乡村唯一的纵向街道,串联乡村竖向空间。其现为临沧市第二批文物保护单位(见图4-2-14)。

图 4-2-14　鲁史古集村楼梯街

10. 永定乡规碑

于清道光十一年制作,是刻有乡规民约的青石碑。其制作虽然粗糙,但就内容而言,是鲁史镇引进民主管理制度的最早记录和有力见证,现存于凤庆县文庙(见图4-2-15)。

图 4-2-15　永定乡规碑

11. 名人典故,积淀厚重

鲁史古集村雄踞山腰,地灵人杰。自古以来,文官武将、仁人志士层出不穷,明清科举,秀才、举人、进士人才辈出(见图4-2-16)。明末的户部尚书龚彝,民国护国之神赵又新将军等历史名人都出自鲁史。

图4-2-16　历史文化名人

12. 野生古茶，声名远播

鲁史既是滇西茶马古道的重镇之一，也是大叶茶的故乡，鲁史古集村现遗留有百株连片的野生古茶树。自明清以来，鲁史的大多数人就以茶为生，茶产品闻名遐迩。"明前春尖"和"雨露谷花"是民国时期云南茶叶的极品之一。当地居民品茶讲究"一皿苦，二皿涩，三皿才敬客"，茶香四溢，喝起来沁人心脾，是上可登大雅之堂，下可惠及普通人的茶叶饮品。

13. 民俗文化，特色鲜明

鲁史古集村为多民族混居，民族风俗各具特色，相互包容，各民族又保留有自己的传统节日。当地居民主要信奉佛、道、儒三教，保留着敬奉天地、祭祀祖宗文化的习俗。

（1）传统节庆文化

鲁史古集村民风淳朴，民俗节庆与民间艺术形式多样，民间传说和神话故事内容广泛，展现了浓郁的民族特色和文化积淀。

火把节是农历六月二十四日，是祭祀五谷神、祈求来年五谷丰登的重要节日。火把节气氛隆重，村寨火把如群星闪烁，人们互撒火星表达祝福。同时，人们在田间地头设置大火把，以诱杀害虫。火把节还会举行赛马竞技和打歌对唱等活动,小伙在赛场大显身手,女孩身着盛装观战鼓劲,青年男女把星火撒在对方身上,表达爱慕之情(见图4-2-17)。

图4-2-17　火把节

做斋是苗族祭奠亲人亡灵和祈福的重大仪式及活动。通常由一家或一族发起,历时两天两夜。做斋步骤考究,仪式感强,是苗族重要的传统仪式。

(2)民族民间歌舞

彝族山歌又叫"山歌""调子",是彝族文化生活的重要组成部分。鲁史的山歌很普遍,每当栽秧和采茶季节,年轻人结伴到田边、茶园,与栽秧、采茶的姑娘对唱。山歌往往即兴创作,是彝族人民交流思想、谈情说爱的工具。山歌内容取材广泛,时事政策、人生哲理、天文地理、生产生活、人情世故、农事农谚,无所不及,古今一体,风格独具。

彝族的"舞",又叫"打歌"。据《凤庆民族民间舞蹈》载,有七十二种跳法。"打歌"时一般用芦笙、笛子、三弦等乐器伴奏。打歌调有独唱和对唱两种,即兴创作,内容广泛。

苗族歌舞特色鲜明,形式多样,内容丰富。既有情歌对唱,也有边打边唱。《中国民间歌曲集成·云南卷初稿汇编》收录的凤庆苗族传统民歌就达51首之多。苗族的民间舞蹈比较突出的有两大类,一类为自娱性的舞蹈,即在婚嫁等喜事时跳;另一类为祭祀性的舞蹈,在"做斋"时跳。

(3)传统饮食文化

鲁史古集村水土温润、气候适宜,多元文化汇集交融。鲁史的饮食文化包容并蓄、独具特色,丰富的特色小吃应有尽有,有川味的麻辣、广味的香甜等。传统八大碗是其地方代表性特色美食。鲁史的酱油、酱菜、毛豆腐、豌豆粉、风肝和火腿风味独特,香菌、木耳、核桃等特产远销省内外,享有盛誉。

第三节
鲁史古集村现状分析

一、人口现状

全村辖 27 个村民小组和 1 个居民小组，分 6 个自然村，面积 20.296 km²，固定耕地 3503 亩[①]，共有居民 981 户，3 600 人。居民由汉、彝、白、苗、壮、傣等 10 个民族构成。鲁史古集村居民主要从事烤烟、泡核桃种植，养殖业、个体工商业等较为发达。

二、村域用地现状

鲁史古集村主要由居住用地、公共设施用地、生产设施用地、农林种植用地、对外交通用地等组成。居住用地在传统乡村用地中所占比例最大，布局也相对集中。

乡村行政管理用地包括镇政府等，主要分布在乡村西南部。教育机构用地现有中小学各一所和拟建的幼儿园。农林用地主要集中分布在古镇东部和乡村西部，西北部也有零散分布。商业金融用地分布在古集村东北部。生产设施用地散布于乡村中，主要为核桃、木材、砖和酱油加工厂。仓储用地主要集中在乡村南侧。对外交通用地主要指乡村东部的客运站。道路广场用地主要包括三街、七巷、一广场。水域和其他用地分布于乡村边缘，主要为农林种植地及闲置地，也是乡村重要的景观用地（见图 4-3-1）。

---

① 亩，面积单位，1 亩≈666.7 m²。

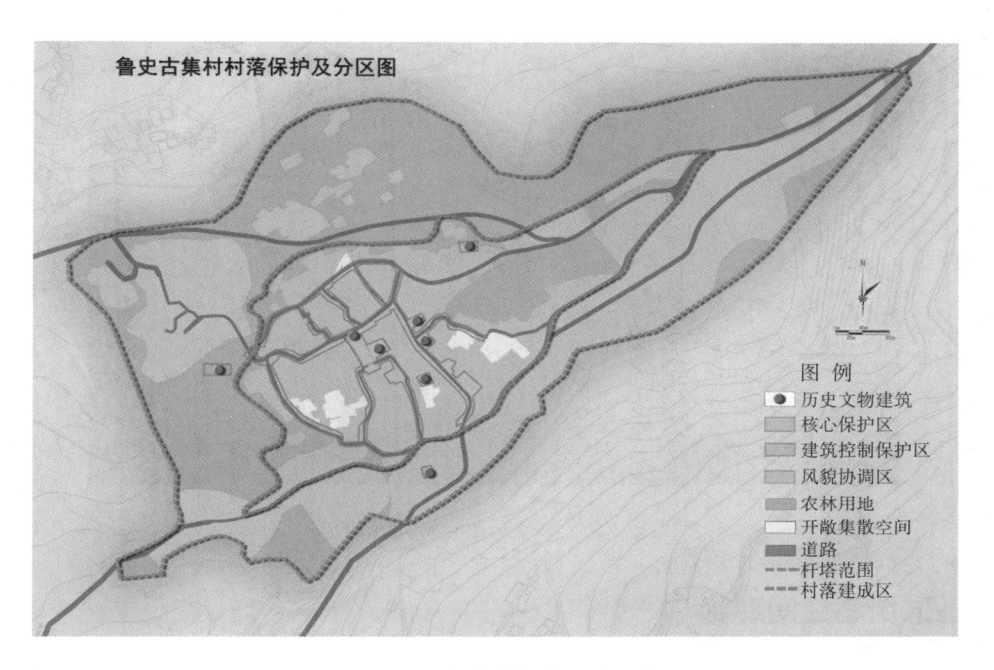

图 4-3-1　鲁史古集村用地现状

三、乡村格局现状

　　鲁史古集村依山而建，民居院落和谐布局在街巷之间，三条主要街道串联起七条小巷，乡村结构布局完整清晰。乡村边界与周边环境竖向高差明显，乡村主要出入口保存了古乡村原始布局形式，乡村边界清晰，乡村外围建筑界面保存也较为完好。乡村四周按照城墙布局栽植的风水林已局部缺失，整体风水布局意图依然清晰（见图 4-3-2）。乡村因商贾贸易而兴隆、因茶马古道而繁荣。国家级文物保护单位茶马古道鲁史段，从形似城门的两株百年古树中间进入乡村，穿行于乡村后，北出栅子门。乡村整体现状依然保留着闲适、恬静、自然、古朴的独特风貌。

图4-3-2　鲁史古集村风水林布局

四、街巷空间现状

鲁史古集村的基本街巷空间主要由"三街""七巷""广场"构成(见图4-3-3)。"三街"即上平街、下平街和楼梯街,构成传统乡村横向和纵向的主要街道。"七巷"是指曾家巷、黄家巷、董家巷、骆家巷、十字巷、魁阁巷和杨家巷,是乡村生活区域的主要道路,并串联起三街,形成乡村的主要人流系统。"广场"即四方街,是乡村的主要节点和公共空间,当地居民俗称"衙门前广场"。

"三街"为茶马古驿道的组成部分。穿行于崇山峻岭间的茶马商队,经由楼梯街进入村镇,在古镇补给休息。古时候经过这里的马队均是由楼梯街进入,经过上平街进行补给、休息,再经下平街离开古镇。楼梯街的引马石上留下的清晰蹄印,记录着茶马古道的繁忙和乡村曾经的兴盛。"七巷"主要承担着古集村居民日常生活的交通功能。

乡村依山而建,楼梯街作为乡村纵向联系的主要通道,整体街巷多由阶梯进行组织。上平街和下平街横向分布,坡度相对较平缓,其他的街巷落差较大。街巷路面铺装多就地取材,以当地石材作为主要铺装材料,乡村整体街巷利用地形,呈现明显的山地特征。"三街"作为乡村的主要人流路线,宽度一般为3~5 m,小巷宽度多为1~2 m,整体街巷依山就势、收放自如、尺度亲切适宜。行走其间,巷道极富古镇韵味。

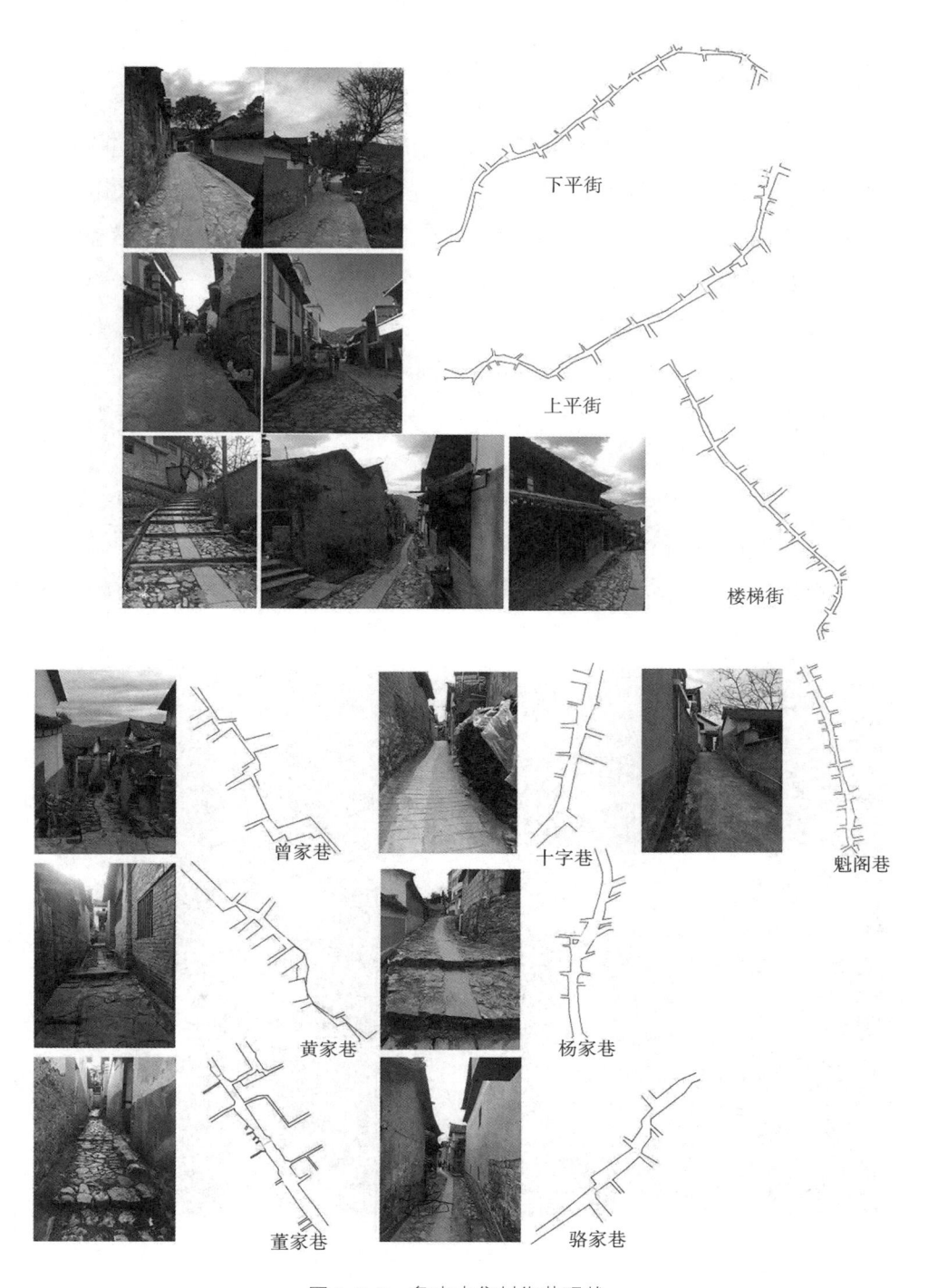

第四章 | 乡村景观风貌保护实践案例一：云南凤庆县鲁史古集村规划实践

图 4-3-3　鲁史古集村街巷现状

五、建筑风貌现状

鲁史古集村建筑特色鲜明,风格古朴自然。建筑现状保存基本完整,整体风貌良好。民居建筑多为土掌房或大理民居建筑样式,以院落为主,采用三坊一照壁、四合五天井、一进两院的合院式建筑形式。建筑布局依山就势,院落高低错落,整体造型和群体轮廓朴实自然,舒展优美。

民宅院落现状内部多采用现代建筑装饰材料,建筑细节破坏较严重。少数民居因无人居住,年久失修,功能废置而残破严重,亟待修缮重建。村内历史文物和重要宅院建筑基本得到修缮保护,建筑外观修缮多采用大理地区建筑装饰形式,区域性建筑特色与细节略显缺失。少数建于20世纪五六十年代的公共建筑,外形保存基本完好,内部功能废弃,存在一定的安全隐患。近些年村民自建的混凝土结构的2~3层楼房零散布局,外墙采用瓷砖和铝合金门窗等现代建筑材料和装饰,虽数量较少,但由于建筑体量和建筑风格较为突兀,破坏了乡村整体建筑风貌(见图4-3-4)。

图4-3-4 鲁史古集村建筑现状

六、道路系统现状

鲁史古镇道路交通现状主要包括对外交通和镇区交通两类：对外联系道路主要依托凤庆至鲁史的县道；镇区交通主要分为干路、支路和步行交通系统。干路为乡村内的主要交通道路。支路主要指进出街坊、居住区和短距交通的道路。步行道路系统以楼梯街为主，连通村内旅游环线。村内步行道路主要采用卵石与引马石结合的传统铺设方式，少数巷道采用水泥材料铺装。

七、公共设施现状

鲁史古集村新建区域内公共服务设施等相对完善，传统乡村范围内公共服务设施落后或缺失。商业服务设施多是分散布置的日用品商店、小卖部及临时摊点。环卫设施布置不能满足现有居民及游客需求，部分巷道无污水排放设施，给水方面则采用一根或几根铁管交叉运输，给人一种脏乱的感觉。公厕目前的布置较为合理，基本符合服务半径要求，但是"有人建、无人管"的现象突出，脏乱臭现象严重，部分公厕已经无法使用。新建照明设施设计单纯仿古，与乡村整体环境不协调。村内无停车场，车辆停放混乱。鲁史古集村由于场地限制，村内道路多为步行交通体系，消防车辆难以进入，消防设施配置较薄弱。主要消防设施是为民居及公共建筑配置的灭火器，存在一定的火灾隐患（见图4-3-5）。

图4-3-5　鲁史古集村基础设施

第四节
鲁史古集村乡村景观保护面临的问题

一、具体问题

1. 乡村保护修缮随意，材料构造传承不足

古镇街巷、民居、寺庙、楼阁等历史建筑及人文景观大多年代久远，而修建年代的生产生活背景、技术条件等因素是乡村传统遗迹修缮保护的重要依据，蕴含着特定时期的历史文化信息。对于传统乡村的修缮保护，往往忽略了乡村物质形态形成的背景因素，对材料构造等方面的传承认知不充分，导致大量历史文化信息在乡村的保护和修缮中缺失。

传统乡村特色的传承需要更为科学地修复和保护。鲁史古集村是因古商道而兴的乡村，传统街巷充分考虑到马帮穿行等因素，采用中间引马石，两侧毛石的铺装材料和样式。青石板铺就的引马石历尽沧桑，被马帮深深烙上马蹄印，传达出鲁史古集村的历史厚重，记录着茶马的文化气息，体现了古镇的古朴气质。在鲁史古集村传统街巷修缮方面，以街巷铺地为例，忽略了传统街巷材质的特定背景因素，两条新修巷道抛弃了碎石与青石板，直接采用现代建筑材料水泥铺面。这虽然满足了巷道的基本功能，却影响了街巷的历史传承，破坏了巷道空间的整体性和乡村历史文化风貌（见图4-4-1）。

图 4-4-1 新旧巷道铺地现状对比

2. 房屋改建盲目无序，少量建筑风格迥异

伴随着社会经济发展，村民对于居住环境改善的需求日益增长。如何妥善地处理老建筑与新功能之间的矛盾，成为许多传统乡村发展过程中需要面对的问题。由于缺乏科学的规划指导，当地村民对于建筑风貌和价值的认识不足，加之村民建房从资金筹措、建筑设计到施工组织的全过程有很大的自发性，少量建筑被居民推倒重建，新住宅单体造型一味攀比或一味追求时髦，钢筋混凝土结构、铝合金门窗、琉璃瓦门头等现代建筑材料、工艺被直接复制，从而导致鲁史古集村的发展建设在一定程度上存在盲目性和无序性。在楼梯街、四方街等乡村核心区域出现建筑风格迥异、功能布局混乱、卫生环境差、道路不通、排水不畅、街区完整性破坏严重等问题（见图4-4-2）。

图4-4-2　乡村风貌不协调建筑

3. 景观价值认识不足，整体保护指导缺位

鲁史古集村保护得基本完好，周边旅游资源丰富，道路交通基本完善，具备较好的旅游开发条件。乡村目前以农业生产为主，在乡村特色和价值的认识及保护方面缺少系统的整理、挖掘。乡村的保护仅限于政府对于文保和历史建筑的划定，部分历史文保建筑被粗暴利用，场地文脉被严重破坏。例如原文保建筑兴隆寺被改建为宾馆，原寺庙门前的两株数百年的菩提树虽被保留，但作为乡村下平街入口的风水林的其中一部分被毁坏，对乡村整体的格局产生了一定的影响。乡村周边产业配套设施建设较为混乱，在地形、视线、道路交通、建筑风貌等方面缺少整体性规划。

在鲁史古集村的保护与开发过程中，应以新时代乡村振兴战略为指引，坚持"以保护促发展，以发展求保护"的原则，进一步明确对鲁史古集村景观特色的核心内容进行有效保护的政策，保护和发展好鲁史古集村这一茶马古道上的绚丽明珠。

二、保护依据

1. 法律法规

《中华人民共和国城乡规划法》(2008)；

《中华人民共和国文物保护法》(2007)；

《中华人民共和国非物质文化遗产法》(2011)；

《历史文化名城名镇名村保护条例》(2008)；

《云南省历史文化名城名镇名村名街保护条例》(2007)。

2. 政府文件

《历史文化名城名镇名村保护规划编制要求(试行)》(2012)；

《传统村落保护发展规划编制基本要求(试行)》(2013)；

3. 县域相关规划

《凤庆县国民经济和社会发展第十二个五年规划》；

《凤庆县山区农业综合开发特色县"十二五"发展规划》；

《凤庆县旅游业"十二五"发展规划》；

《凤庆县交通"十二五"发展规划》；

《鲁史镇国民经济和社会发展第十二个五年规划》；

《鲁史镇总体规划》(2011—2030)等。

第五节
鲁史古集村景观特色保护策略

传统乡村以其现有的聚落格局、街巷空间、民居建筑、历史遗迹及古树名木等物质形态,承载着不同时期的文化基因,蕴含着重要的历史文化价值。

一、控制保护乡村山水完整格局

鲁史古集村因商而兴,依山就势,乡村与自然和谐共生,相互融合。保护良好的山水人居格局是乡村特色保护的前提。

村域周边自然资源良好,景色优美,具备良好的人居环境,严禁毁林开山,破坏乡村自然景观特色与整体风貌。尊重村庄自然肌理,保护乡村原始布局和基本结构,维护传统人居格局,协调古集村传统格局与乡村发展的关系。

二、恢复保护乡村街巷空间特色

传统乡村道路系统的修缮,应以保护原有街巷系统为基础,结合乡村发展需要,梳理组织适应现代乡村发展和居民生产生活的村域路网系统和对外道路体系。传统街巷保护不仅包括原有街巷格局,还涉及道路路面修缮及相关历史文化信息的保留,妥善协调传统街巷特色与现代生活之间的矛盾,协调新建现代基础设施与原始街巷风貌之间的关系,严格控制围合街巷空间的建筑界面等视线构成因素,维护乡村街巷的场所特质。

三、修缮保护乡村建筑原始风貌

保护原有临街建筑分布与格局，整治外部环境与改善建筑内部功能、环境及设施。建筑修缮保护应注重风貌特点，提高村民的生活质量。乡村文保建筑和特色民居建筑的修缮保护应延续传统建筑的材料工艺，维护传统乡村建筑风貌及特质的延续性。对于需要新建的建筑，应严格划定范围，妥善处理新建筑与传统乡村的空间关系，延续传统建筑的整体特色，采用传统工艺技术，以本土建筑材料为主体，就地取材、协调新老建筑间的风格，维护乡村建筑的总体风貌统一。

四、激活保护乡村场所传统特质

传统乡村景观保护不是单一的物质保护，是包括区域生活方式、文化意识、发展形态等多方面的全方位保护。从某方面讲，传统乡村景观特色的保护既是对于乡村物质形态的保护，也是对于人的意识形态的倡导。

传统乡村场所吸引力的构建，不仅是乡村特色的物质承载，更是居民与环境和谐共生的生活方式的综合体现。提高村民对于乡村特色资源价值的认同和参与，分享传统乡村特色保护发展的红利，培养对于本土历史和文化的认同和自信，树立自觉的保护意识和正确的保护方式，营造全民保护的良好氛围，是乡村保护真正的意义。

第六节
鲁史古集村乡村格局和风貌保护

乡村格局和风貌特征是乡村景观特色的核心构成。乡村整体格局和传统风貌的保护主要是协调鲁史古集村自然环境和人工环境的相互关系。明确构成影响鲁史古集村整体格局与风貌的范围、重点及保护方法。

一、保护内容、范围和重点

鲁史古集村传统乡村的保护范围以鲁史古集村核心区为基准,东边和北边以古镇民居为界,南以镇区主路、文魁阁南端为界,西至兴隆寺院墙。其中核心保护区范围以"三街、七巷、一广场"形成的圆弧形为界,以茶马古驿道、民居大院、传统建筑和古树名木为重点,实现保护鲁史古集村传统乡村风貌,展现特色地域文化的保护目标。应加强乡村传统建筑及非物质文化的资料收集、建档保护;注重对传统民居建造技艺的研究与相关工匠的备案,为乡村保护修缮、管理提供依据(见图4-6-1、图4-6-2、图4-6-3)。

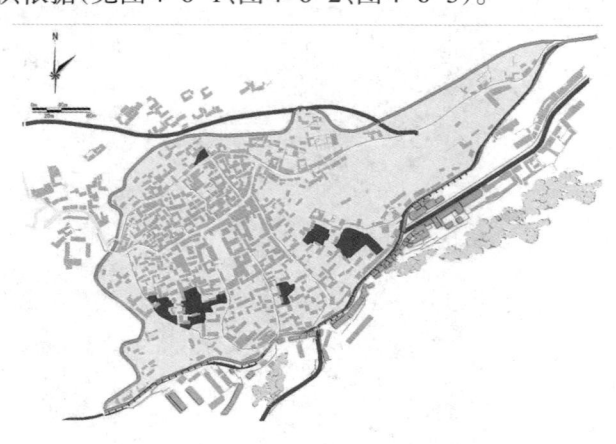

图4-6-1 鲁史古集村结构布局

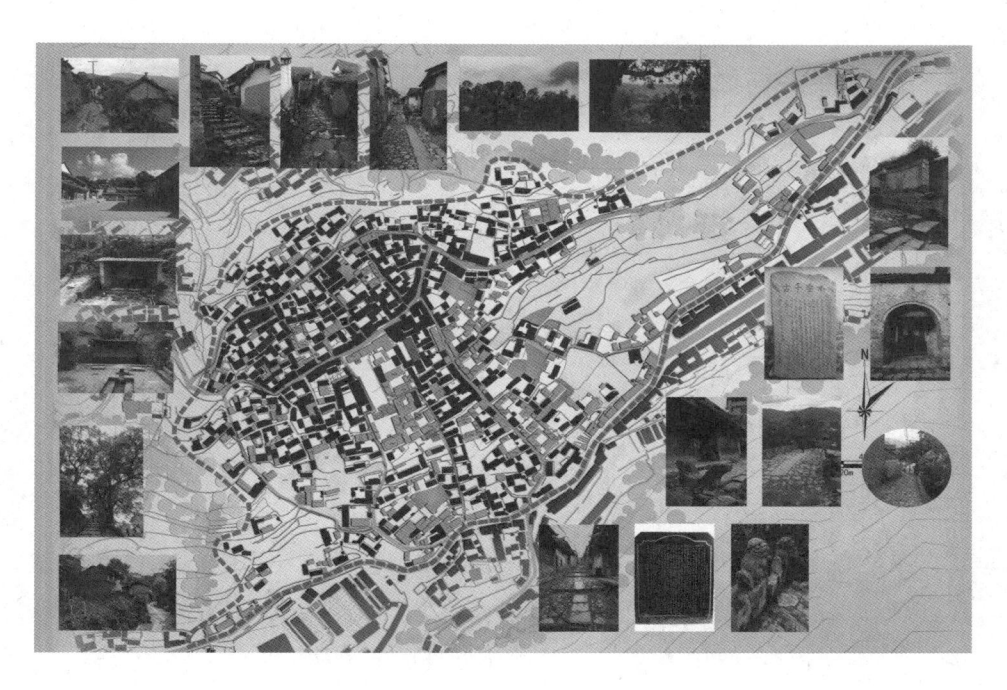

第四章 | 乡村景观风貌保护实践案例一：云南凤庆县鲁史古集村规划实践

093

图 4-6-2　乡村现状整理

图 4-6-3　乡村风貌现状评价

二、分区保护与风貌控制

根据鲁史古集村现状风貌和景观价值,鲁史古集村划分为:核心保护区、建设控制区和风貌协调区(图4-6-4、图4-6-5)。

1. 核心保护区

核心保护内容为古寺庙、民居大院和"三街、七巷、四方街广场"空间格局等。具体包括兴隆寺、古戏台、衙门、文魁阁、四方街、楼梯街、上平街、下平街、十字巷、魁阁巷、杨家巷、骆家巷、董家巷、黄家巷、曾家巷、甘家大院、骆家大院、宗家大院、川黔会馆等。核心保护区是鲁史古集村历史风貌构成的集中区域。

在核心保护区不得实施任何新建、改建、扩建工程,不得破坏原有历史遗存、改变原有历史风貌。未经市级规划行政主管部门同意,不得擅自拆除、修缮。其中,文物建筑的修缮需征求文物主管部门的书面意见,同时应办理相关规划、建设许可手续。

2. 建设控制区

东边和北边以古镇民居为界,南边以镇区主路、文魁阁南端为界,西边至兴隆寺院墙(原小学)。

在建设控制区不得进行与保护无关的建设、拆迁等活动,应保护平面和空间格局,保持街区、建筑的原有风貌特色。在建设控制区的建设、拆迁等,应获得市级规划行政主管部门同意。其中,文物建筑的修缮、拆迁等需征求文物主管部门的书面意见,同时应办理相关规划建设许可手续。

3. 风貌协调区

东西以冲沟为界,北至过境道路,南至现状学校、仓储用地南侧。在风貌协调区内允许进行一定的建设活动,但在建筑风貌、体量、色彩等方面要与古镇保护相协调。

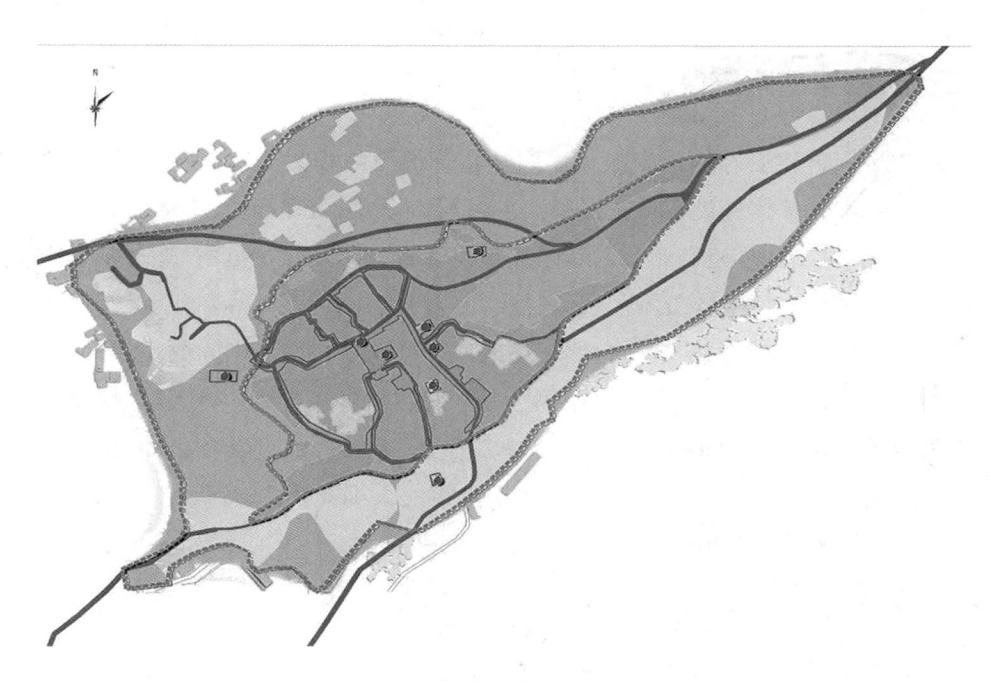

第四章 | 乡村景观风貌保护实践案例一：云南凤庆县鲁史古集村规划实践

095

图 4-6-4　乡村保护范围示意

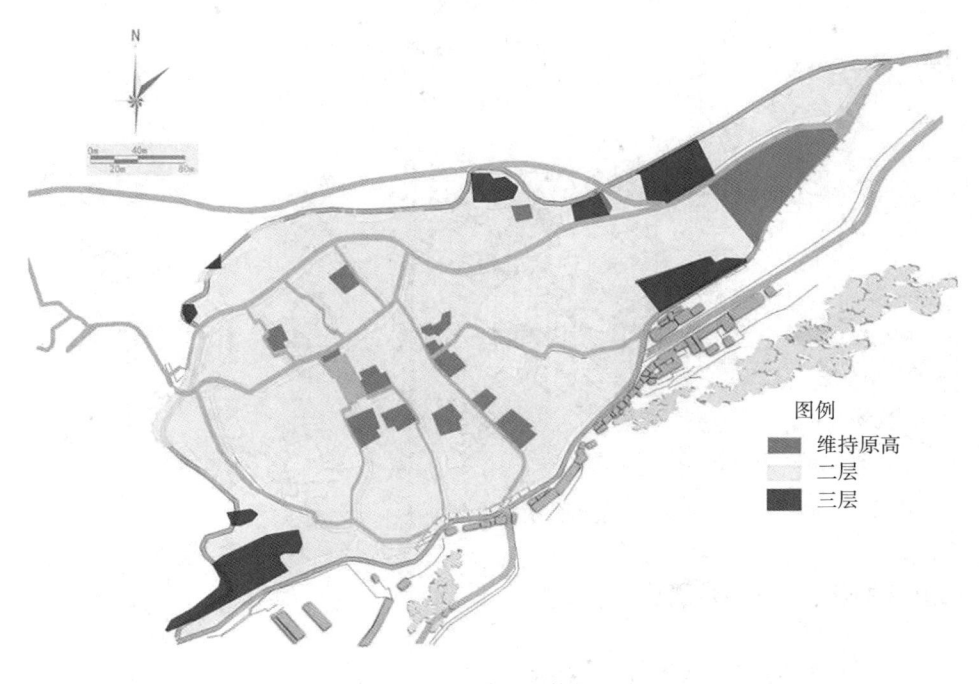

图例
维持原高
二层
三层

图 4-6-5　建筑高度控制示意

三、村域绿地系统保护

村域内古树名木的认定应依照园林主管部门的相关评定文件,遵照相关保护法规和保护措施进行严格保护。乡村周边田园、山林绿化,形成绿色背景轮廓线加以控制,规避和调整因新建建筑高度、选址等因素对乡村外围轮廓线的破坏。维护乡村整体山体水系、森林农田以及"山水-森林-田埂-乡村"的过渡关系,协调乡村居民区域与自然环境的边界及与乡村发展空间的关系尺度。乡村弃置地、空地可设置为公共绿化开敞空间。乡村弃置地、空地及庭院绿化应以乡土植被或当地果树为主,可用少量花卉、灌木点缀,强调绿化的自然意境,不得使用城市绿化大面积草坪、花坛等手法。弱化人工雕琢痕迹,保留传统乡村的原始韵味和田园自然风貌(见图4-6-6)。

图4-6-6　鲁史古集村乡村周边山林农田示意

四、鲁史古集村建筑风貌保护

传统乡村的核心区域往往由传统民居建筑聚落形成。建筑的布局方式构成了乡村整体结构和乡村空间框架。从传统乡村景观特色保护的角度,乡村建筑是传统乡村整体风貌的最基本单元,也是传统乡村的人文景观特色的集中反映(见图4-6-7)。

图4-6-7 乡村建筑风貌实景

1.鲁史古集村建筑分类与保护要点

根据《历史文化名城保护规范》,结合鲁史古集村现状与历史文化背景分析,乡村建筑物分为文保单位及历史建筑、传统建筑、风貌协调建筑和风貌不协调建筑几种类型(见图4-6-8)。乡村不同类型典型性建筑如图4-6-9所示。

文保单位及历史建筑涵盖了名人故居、石刻、大院、官衙、戏台、牌楼、寺庙等建筑,是乡村历史文化的重要遗迹,也是构成乡村景观风貌的重要节点。保护应以修缮为主,延续乡村历史风貌的完整性。文物保护单位主要指鲁史境内的市、县级文保单位,包括阿鲁司官衙、文魁阁、骆家大院、甘家大院、宗家大院、滇黔会馆、古井、古戏楼、栅子门等。历史建筑是指具有一定历史、科学、艺术价值的,反映城市历史风貌和地方特色的建筑物。历史建筑包括董家大院、张家大院、曾家大院和戴家大院。

古集村内的传统建筑主要以"一颗印"形式的四合院和"一正一厢一照壁"形式的三合院为主,形成"三坊一照壁,四合五天井"的独特风格。村域内民居建筑年代久远，多为青砖土墙材料，是乡村生活形态的主要体现，具有一定的文化历史价值。它们构成了鲁史古集村乡村的主要肌理，反映了古镇乡村空间格局和风貌，是今后主要修缮和重点保护的对象。

风貌协调建筑主要为保存完整的土木结构的传统民居建筑或近年来新建的保留原有建筑形式、仅对建筑材料进行更新的民居与非民居建筑。

风貌不协调建筑主要指近年来鲁史古集村新修建的一些非民居建筑或少量穿插于村寨内的民居建筑，这类建筑多采用钢混结构，立面经过简单处理，大部分为二三层，外立面装饰为瓷砖等材料，建筑形式和体量均与传统民居风貌极不协调，这一类建筑是今后整修或改造的重点对象。

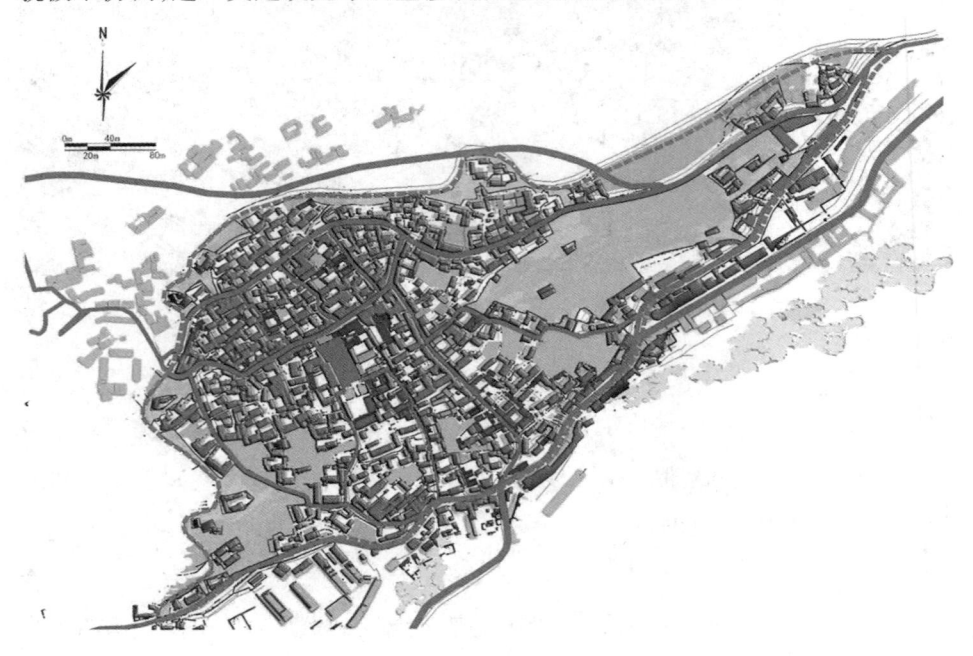

图 4-6-8　古集村建筑保护分类
（分为文保单位、历史建筑、传统建筑、风貌协调建筑和风貌不协调建筑）

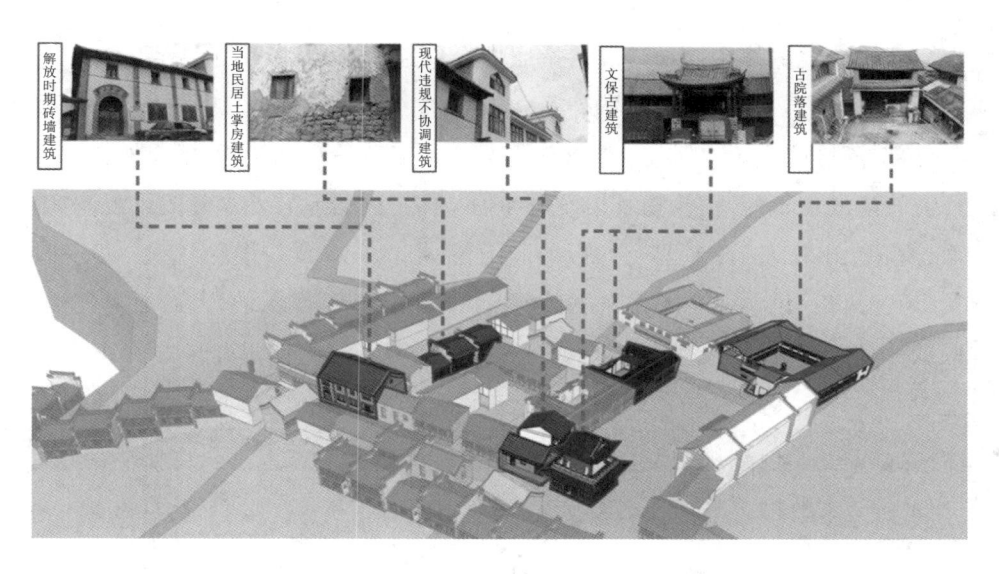

图4-6-9 乡村不同类型典型性建筑

2. 鲁史古集村建筑保护措施与工艺要点

鲁史古集村乡村建筑的保护，往往以修缮保护为主，针对传统民居建筑的新老更替，特别是乡村风貌核心区内的建筑，应坚持原规模、原尺度的原址复建。传统乡村民居的修缮、建造方式及材料工艺应与乡村建筑的基本结构和形制相统一，延续和传承原工艺、原构造，即采用传统建造工艺。深究建筑细节，通过形制延续建筑构造特色，通过材料工艺体现文化特征。比如民居建筑主要为"木构架、两面坡悬山或硬山屋顶"的形式，应保留建筑原始平面布局及屋顶形制。建筑外部应采用传统建筑构筑材料，例如顶部铺设应采用青瓦或石板的原建筑构造材料，不允许与传统建筑不协调的现代建筑材料例如混凝土、钢材、石棉瓦等作为传统建筑修护建造的替代。特别是乡村核心区域，应严格禁止现代建筑材料在外露可视范围。重要建筑部件应尽可能地对原建筑构件进行修复利用。传统乡村建筑的修缮、营建应与乡村的整体色调基调一致，并保留建筑的材料质感。应注重规避建筑材料差异导致的色彩变化，从而保证乡村整体建筑风貌的统一和历史文化信息的延续。

乡村核心区域严禁修建新建筑，尊重民居建筑与场地的基本关系，不能搭建与传统民居建筑不相适应的临时构筑物，对于传统建筑和民居范围内的植物花木不应随意损毁，应保证原建筑布局的整体性。

传统建筑的修缮保护应严格按照原有建筑形制,保留民居高度、进深、开间等尺度不变。保护原有木构架及构筑方式,对于局部需要加固的墙、板、柱和外部,不应改变原有风貌。保护原有民居的外部造型及轮廓,不应加建露出原有轮廓的建筑物、构筑物及架设附加物。保护民居原有外立面的风貌,对墙面、屋顶、山花、檐口、勒脚、台阶、外表门窗、柜台、入口、门楼、照壁等,不应改变形式、风格、色调或暴露新型材料。保护原有民居的细部装修,对原有门楼、照壁、铺地、门窗隔扇、梁枋装饰构件、栏杆等,不应损坏、任意拆改或涂抹。

表4-6-1 乡村建筑保护示意

项目	正确示例	错误示例
构架进深	一般 L_1 进深约 3.3～3.9 m,L_2 进深约 4.8～6.0 m。传统民居的构架进深受木材长度限制,总体上不大	构架进深不宜过大,过大会让使用的材料增多,同时屋顶加大、山墙加大、建筑体量加大,影响外部造型的传统风貌
	一般传统构架,上(H_2)为 6.5 尺①下(H_1)为 7.5 尺(简称"65/75"),或上7下8、75/85、上8下9等	构架不宜过高,过高虽对使用功能有利,但对构架的稳定性不利,同时影响外部造型的传统风貌

---

① 尺,长度单位,1尺≈0.333 m.

续表

项目	正确示例	错误示例
落脉	横向两坡屋顶利用构架顶部在第二、三架檩条处比正常情况落低3寸[①]或1寸，这也是鲁史古集村传统民居的特点之一，这使得屋面曲线较为舒展，且有利于排水	不做"落脉"，造型生硬，外貌不像传统民居，一般不宜出现
起山	两端山架的顶端比中间架顶端抬高5寸或3寸，这是鲁史古集村传统民居的特点之一，这样会使屋顶轮廓亲和而优美，有利于增强房屋造型的生动感	不做"起山"，造型缺乏生动感，一般不宜出现
砖墙	黏土砖或空心砖墙砌体外表面一般需用砂浆抹灰，并以白色或土色灰浆粉刷，青砖墙可以不加抹灰与粉刷，砌筑与灰缝必须讲究，最好用老式的平竖间隔的空斗墙砌法	忌用红砖墙体外露及在砖墙外表以外水泥浆抹面或在外墙面贴饰瓷砖或假砖

① 寸，长度单位，1寸≈3.33 cm.

续表

项目	正确示例	错误示例
整体造型	舒展柔和、前低后高而有层次的整体造型	原有造型尚可，但使用现代材料加建与改造后面目全非，这种情况不宜出现

3. 鲁史古集村公社食堂建筑改造案例

鲁史古集村保留的20世纪五六十年代的建筑遗存，是在全国农村大办"人民公社"的时代背景下修建的，该时期建筑造型区域性差异较小，内部空间开阔，建筑多为砖混结构。作为特定历史时期承担乡村公共管理、服务功能的建筑，其又位于乡村核心区域，位置敏感，体量较大，现状残破，功能废置。原鲁史公社食堂，位于上平街中段，建筑外观由青灰砖构成，建筑面积较大，现状基本完整。位于四方街右侧的原鲁史公社医院，建筑形制和修建年代与公社食堂差不多。该类型建筑的修缮改造，是鲁史古集村建筑风貌保护控制的重要内容和典型案例。

作为鲁史古集村的历史记忆，随着时间的沉淀和岁月的变迁，建筑本身已具有特定历史时期的文化信息。公社食堂的改造和利用应尊重原有建筑构造，除对房屋结构和屋顶进行加固修缮外，还更换建筑外立面破损严重的门窗，基本保留建筑外观和历史信息。改造的重点在于对内部空间的功能置换，将原食堂改造为乡村民俗展馆，为村民和游客提供文化展示的公共空间。作为乡村体量较大的单体建筑，激发其新的价值和活力是改造的目标。通过合理的修缮和功能置换，其可以实现对于村域公共空间的功能补充，以满足新时代产业发展和村民活动的需要（见图4-6-10）。

图4-6-10　鲁史古集村建筑改造设计

4.街巷空间与场所特质保护

传统乡村街巷空间往往由各类民居建筑围合形成,既是当地居民生活和社交的重要场所,也是乡村景观特色的重要内容。街巷空间构成了乡村基本框架,其风貌往往反映了当地居民传统的生活方式,体现了乡村的形成和发展脉络。

五、鲁史古集村街巷保护范围与内容

街巷空间主要指由乡村路网及建筑界面围合形成的交通、商业和交往空间。鲁史古集村街巷由"三街"和"七巷"构成,村域巷道空间一般由建筑的侧立面围合而成,宽度在0.8~2 m之间,主要作用是承担村民道路交通功能,方便邻里交流。村域街道空间一般是建筑的正立面围合而成,宽度在2~4 m之间,承担村域主要道路交通功能、商业配套功能和公共交往功能(见图4-6-11)。鲁史古集村街巷特点由其地形高差、道路走向、空间尺度、铺装构造、围合界面以及街巷空间蕴含的历史文化信息等内容共同构成。

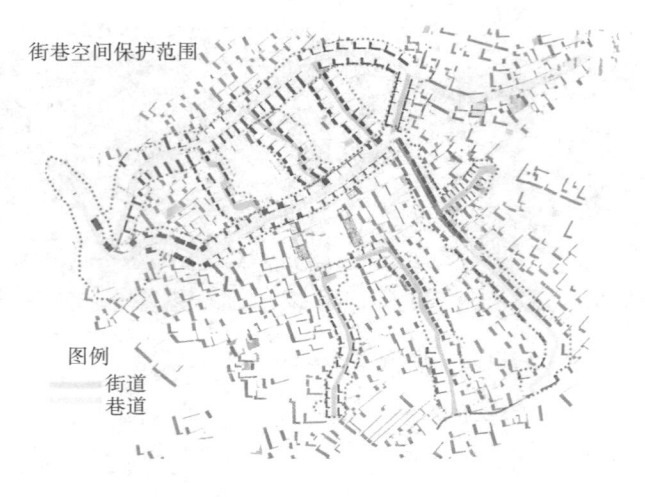

图4-6-11 鲁史古集村传统街巷范围

鲁史古集村街巷空间尺度适宜，空间比例通过水平与竖向的对比，发现 S/H 的数值一般在 1~2 和 1~2.5 之间，空间相对紧凑，体现了亲人性的特征（见图 4-6-12）。

图4-6-12 鲁史古集村街巷现状尺度比例图析

鲁史古集村街道空间宽度通常在0.8～5.6 m之间，街道铺装基本为两边卵石中间引马石的铺装形式。作为茶马古道村域内的必经道路，街道引马石多有马蹄磨损或穿透的痕迹，街道空间界面以土墙、木质门窗、灰色砖石为主色调，由商铺铺面和少量民居院落围合，给人以厚重、古朴的空间感受。其中楼梯间长度近300 m，最窄处约0.8 m，最宽处约4 m，台阶高度为15 cm；下平街长度近240 m，街道最窄处约0.8 m，最宽处约4.6 m，上平街长度近260 m，街道最窄处约1 m，最宽处约为6.5 m。

表4-6-2　鲁史古集村传统街巷图析

街巷资料	铺装式样	剖面示例
楼梯街 宽度3.2～4 m 长度266 m		
上平街 宽度3.5～6 m 长度262 m		
下平街 宽度3～4 m 长度306 m		

续表

街巷资料	铺装式样	剖面示例
曾家巷 宽度 1~3 m 长度 90 m		
黄家巷 宽度 2~2.5 m 长度 100 m		
十字巷 宽度 3 m 长度 54 m		
骆家巷 宽度 1.6~2.5 m 长度 112 m		

续表

街巷资料	铺装式样	剖面示例
魁阁巷 宽度 2.2~2.8 m 长度 186 m		
董家巷 宽度 2.5 m 长度 83 m		
杨家巷 宽度 2.2~2.7 m 长度 85 m		

六、鲁史古集村街巷空间保护要点

鲁史古集村街巷道路系统作为整个乡村景观特色的重要组成部分,道路的铺砌方式、空间尺度以及建筑围合界面是其空间特质的重要体现。街巷空间改造和保护应以修缮为主,维持街巷尺度和两旁建筑的界面材料与形制。对路面原有传统铺砌系统已经不存在的街巷,若尺度和格局尚保存较好的,可根据传统做法予以修复,恢复青石板、卵石的铺地方式。楼梯街、上平街、下平街作为乡村主要街道,铺设材质以石板、碎石、溪滩石为主,现状保存基本完好,对于部分破坏不严重的引马石可使用原材料更换。十字巷、杨家巷、魁阁巷、董家巷的铺装以石灰路面为主,铺装样式与鲁史村原有风貌不协调,在就地取材、循环利用的基础上进行铺装的再设计,还原巷道原有风貌。

街巷建筑立面的修缮与整改主要针对的是上平街、下平街和七巷围合街面的改造与修复,包括门楼、墙体、商铺门头、建筑形制等。应复原街道的重要老字号招牌形象,对临街商铺进行业态规划,激活街道商业活力;同时对沿巷道两侧缝隙空间进行植物调和梳理,柔化巷道空间,赋予生活气息。完善街巷空间设施小品,注重街巷连接处的节点设计和铺装衔接(见图4-6-13、图4-6-14)。

街巷空间的保护,不仅是对于街巷物质空间的修复和保护,还要梳理传统乡村街巷与乡村外围田园及自然风光的路径系统,提升街巷空间作为村民公共活动、社会交往的场所活力。

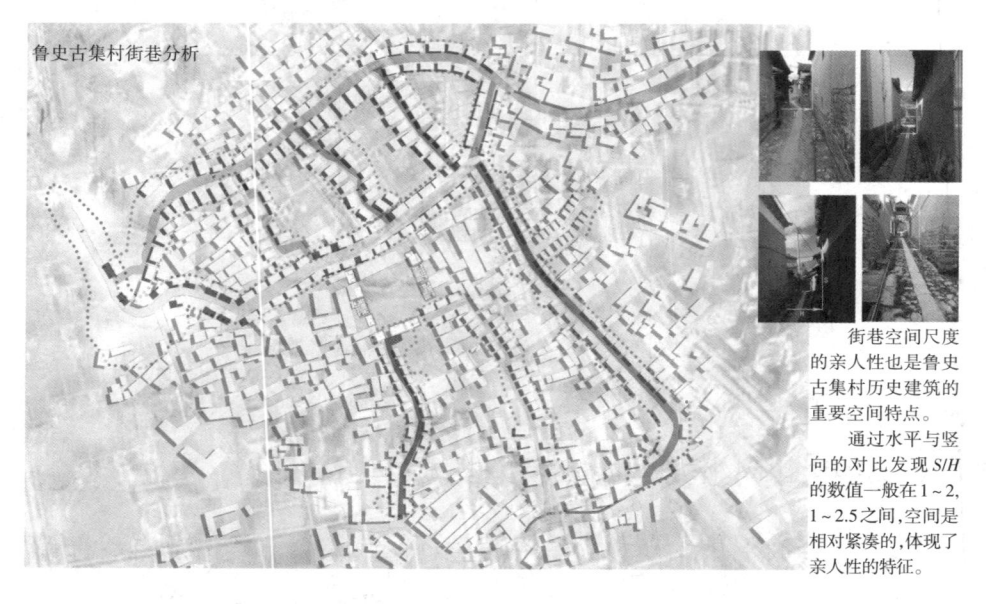

街巷空间尺度的亲人性也是鲁史古集村历史建筑的重要空间特点。
通过水平与竖向的对比发现 S/H 的数值一般在 1~2,1~2.5 之间,空间是相对紧凑的,体现了亲人性的特征。

图4-6-13　鲁史古集村传统街巷图析

图 4-6-14　鲁史古集村传统街巷示意图

七、楼梯街案例保护设计

楼梯街作为鲁史古集村街巷景观保护的重点，由于其特殊的地形高差及其作为茶马古道入村的主要节点，成为乡村街巷空间的核心部分，也是乡村景观特色的重要体现。整个街道竖向分为三部分，由临街商铺、临街住宅和废弃田地组成。楼梯街竖向高差较大，街巷空间的保护包括围合界面的修缮和改造，场地铺装的修缮与恢复，缝隙空间的景观营造，功能小品的补充与设计等几个方面（见图4-6-15）。

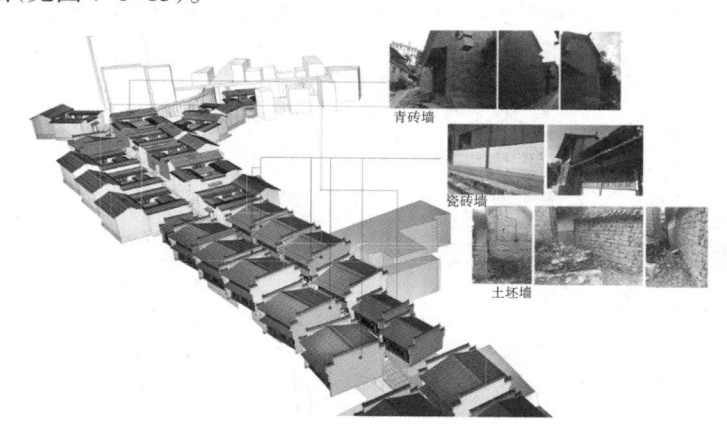

图 4-6-15　楼梯街街巷空间界面分析

楼梯街巷空间界面的修缮方式包括:传统民居建筑屋顶现为石棉瓦或其他现代建筑材料的,应调整修缮为青瓦或当地青石板;临街新建平面屋顶建筑应加盖坡屋顶,加盖小青瓦和挡火墙,统一形式;破损严重的临街建筑,应结构加固,更换承重柱,做防腐处理;外墙为瓷砖等现代材料装饰的,应对临街墙体界面粉刷装饰,统一街巷色调;局部临街破损严重的装饰构件,应按照原材料工艺进行修复或更换;临街墙体破损严重的建筑,应按照民居建筑原工艺材料,以土掌房或青砖墙修缮(见图4-6-16至图4-6-19)。

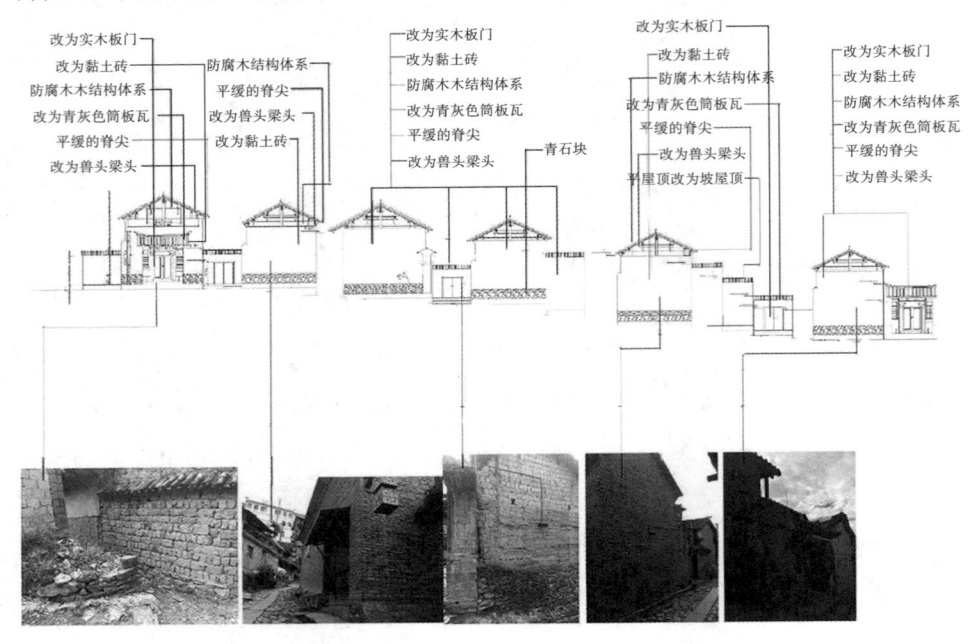

图4-6-16　楼梯街空间界面修缮示意

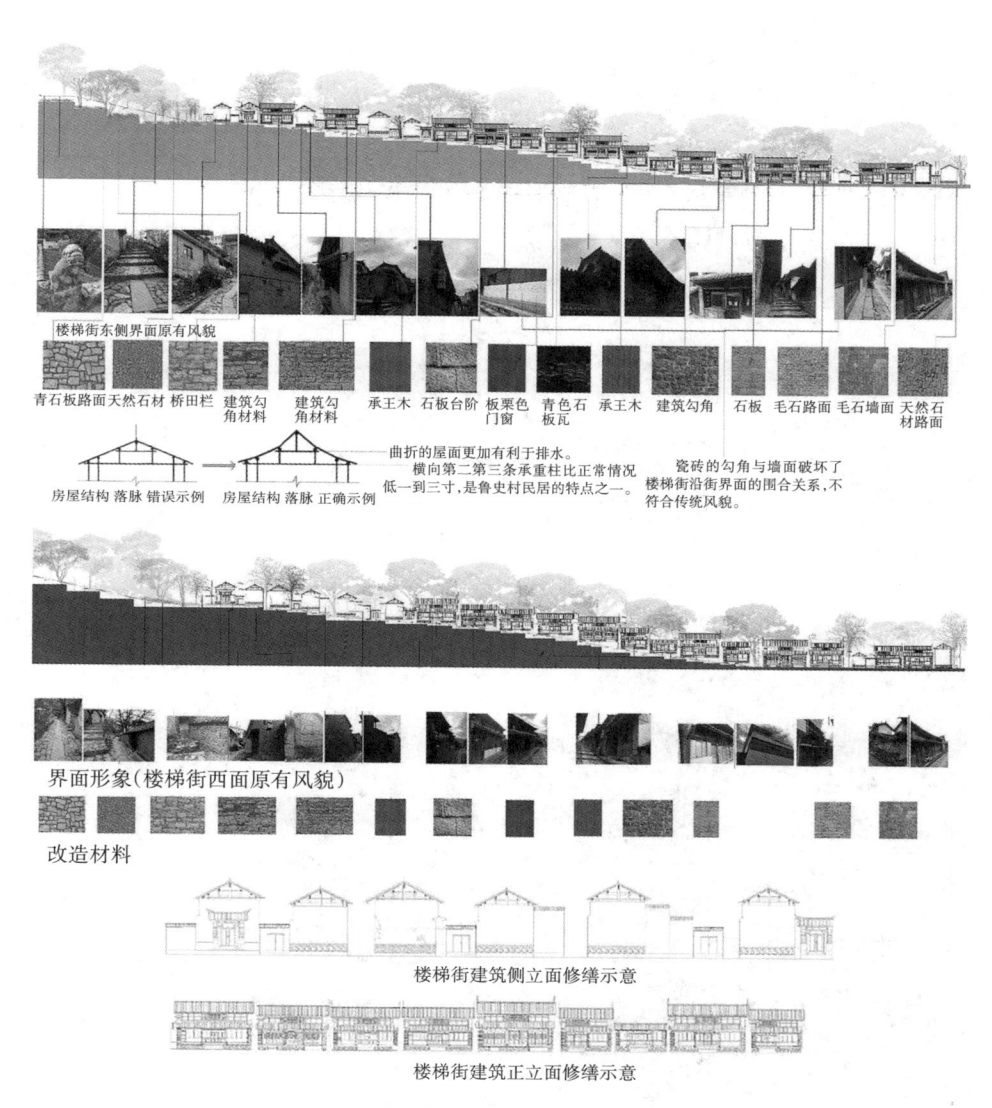

第四章 | 乡村景观风貌保护实践案例一：云南凤庆县鲁史古集村规划实践

楼梯街东侧界面原有风貌

青石板路面　天然石材　桥田栏　建筑勾角材料　建筑勾角材料　承王木　石板台阶　板栗色板瓦　青色瓦　承王木　建筑勾角　石板　毛石路面　毛石墙面　天然石材路面

房屋结构 落脉 错误示例　→　房屋结构 落脉 正确示例

曲折的屋面更加有利于排水。
横向第二第三条承重柱比正常情况低一到三寸，是鲁史村民居的特点之一。

瓷砖的勾角与墙面破坏了楼梯街沿街界面的围合关系，不符合传统风貌。

界面形象（楼梯街西面原有风貌）

改造材料

楼梯街建筑侧立面修缮示意

楼梯街建筑正立面修缮示意

图 4-6-17　楼梯街空间界面材料示意

乡村景观风貌保护与应用

112

图例：
1. 引马石
2. 石板路
3. 排水
4. 石凳
5. 花罐
6. 入户口
7. 巷道
8. 庭院
9. 石缸

图 4-6-18　楼梯街节点详图

图 4-6-19　楼梯街景观改造设计效果

八、乡村非物质文化保护

　　非物质文化遗产鲁史古集村景观特色的构成体系,不仅是一种文化的传承,也是联系"乡愁"情感的纽带。鲁史古集村拥有包含民俗节日、传统舞蹈、传统音乐、传统技艺等诸多极具特色的非物质文化遗产,蕴含着巨大的文化艺术价值,对于提升当地居民文化自信、展现当地人文特色、推动乡村文化产业发展起着重要的作用。

　　"保护为主、抢救第一、合理利用、传承发展"是非物质文化遗产保护的基本方针,也是鲁史古集村非物质特色资源保护的基本原则。应注重非物质文化遗产的挖掘整理、系统普查、信息收集、记录整理等,特别是针对部分濒临消失的非物质文化遗产,应加快组织村内民间艺人、民间技艺传承人采用口述、整理的方式梳理相关非物质文化遗产,实现科学完整保护,避免非物质文化遗产遗失。选取文化价值较高和地域性特色突出的风俗节庆,例如"打歌"等传统项目,申报国家级、省(市)级非物质文化遗产。加强传承人保护和保障机制,培育资助非物质文化代表传承人和特色民间文化团体。针对乡村典型性、代表性的非物质文化遗产,深度整理、加大普及宣传力度和产业融入,调动村民对非物质文化遗产保护的自觉性。充分利用村域公共空间,例如衙门前广场等,作为乡村非遗文化活动的常态化场所,保护乡村人居风貌的原真性,不断丰富鲁史古集村景观特色内容。

应建立传承保护机制,设立保护专项资金,探索产业化、品牌化保护模式,推广乡村非遗文化活动,构建乡村文化空间体系,实现全面系统保护和开发,恢复鲁史古集村人文景观特色。

第七节
鲁史古集村文化旅游产业开发建议

鲁史古集村位于滇西公路文化艺术景观走廊带,是茶马古道的重要路段。其作为云南特色乡村,具备乡村文化旅游产业的良好发展条件。鲁史古集村独特的乡村风貌、文化遗产和自然风貌得到日益广泛的关注,旅游产业已成为当地产业发展的主要方向。

大力推动旅游产业发展,加强乡村景观特色的原真性和完整性保护,注重资源的环境容量,以保护为前提,统筹、协调旅游开发与乡村景观特色保护、生态保护、村民收入增加的关系,实现社会效益、环境效益和经济效益的统一。结合鲁史古集村传统乡村旅游资源类型、丰富度、价值及分布特点,依托鲁史古集村历史文化资源和镇域范围内的原始森林、山水风光,扩展旅游主题和内容。

一、农耕文化主题旅游

主要结合现有鲁史古集村的田园风光和特色农产品资源,开设以农耕文化体验为主题的旅游项目。游客可以参与到当地的农耕活动中,体验播种、耕种、收割等传统农业过程。村内还可设置农产品展示和销售区,游客可以品尝和购买新鲜的有机农产品。此外,乡村内可定期举办农耕节庆活动,如丰收节、插秧节等,让游客感受浓厚的农耕文化氛围。这些体验活动,不仅能让游客了解农耕文化,还能增加农民的收入,促进农村经济发展。

二、历史文化主题旅游

依托鲁史古集村历史文化及自然资源,开发以古镇文化感知、特色村寨游赏、古茶树森林公园游览、茶马古道体验为主题的旅游项目。游客可以在古镇的青石板街道上漫步,参观保存完好的古建筑,感受历史的厚重感。村内还将设立历史文化博物馆,展示古集村的发展历程和独特的民俗文化。古茶树森林公园作为一个重要的景点,游客可以在这里了解古茶树的种植和采摘过程,并品尝纯正的古树茶。茶马古道体验行则是一条重现历史的徒步线路,能让游客体验古代商旅的艰辛与壮丽。

三、山水游览探险主题旅游

挖掘鲁史古集村周边的自然景观资源,发展观光游览、户外运动、自然探险等活动主题的旅游项目。游客可以在美丽的山水之间进行徒步、骑行和攀岩等户外活动。为了丰富探险体验,村内将开发多个探险路线,包括丛林穿越、高山露营和溪流漂流等项目。对于喜欢安静观光的游客,村内还将设置观景平台和生态步道,方便游客欣赏壮丽的自然景观。此外,村内将提供专业的户外探险指导和设备租赁服务,确保游客在享受探险乐趣的同时,能够安全、舒适地体验鲁史古集村的自然魅力。

表 4-7-1　鲁史古集村历史文化旅游简表

旅游类型	主题策划	项目内容
观光游览型	古乡村景点游览	游览"三街、七巷、一广场"、古院落、历史遗迹
	古茶树山地游览	鲜花采摘、品茶艺
	茶马古道游赏	古茶道徒步、骑马观光
特色体验型	传统民俗文化体验	体验彝族山歌对唱、"打歌"观赏、火把节、龙灯;看滇剧、品美食、听花灯、住民宿
休闲度假型	特色美食文化体验	体验特色小吃、土特产、美食节、主题酒吧、青年旅社

第八节
乡村景观特色保护建议和展望

保护是为了更好地传承,通过保护带动居民增收,也可以促进更好的保护。政府主导,全民参与,规范运作,制度健全,是传统乡村保护和发展的重要依托。保护管理建议和实施对策的提出,能更好地实现传承和保护鲁史古集村景观特色和历史文化。

一、加强法律法规保障机制

建议制定鲁史古集村景观特色保护管理规定和民居保护维修导则,为历史建筑、传统风貌建筑与环境要素等修缮提供指导和规范。同时,对已制定的各项保护条例和规划进行梳理,确定统一的保护规划,将乡村景观特色内容保护与乡村发展有机结合,进一步细化保护措施和目标,为科学、合理地开发提供管理、监督、保障机制。

二、建立专项资金保障机制

建立稳定的资金保障和监督机制是传统乡村良性发展的重要依托。广泛利用财政拨款、社会渠道资金等建立鲁史古集村保护基金。将旅游和产业发展收入按一定比例纳入乡村保护修缮的专项资金,补贴居民房屋修缮和乡村的各项日常维护。

三、提升居民的保护意识和参与意识

鲁史古集村作为云南省具有代表性的传统乡村,可由村级机构组织居民共同制定鲁史古集村保护制度,确保制度的民众约束力和认同度。加强传统乡村价值和遗产保护的宣传,普及乡村保护知识,带动产业发展,提高居民对于乡村传统的保护意识,积极抵制有损传统乡村历史风貌的行为。

第五章
乡村景观风貌保护实践案例二：重庆肖家镇啸马村实践

- 肖家镇啸马村项目背景
- 肖家镇啸马村现状分析
- 肖家镇啸马村保护发展与定位
- 肖家镇啸马村保护策略与方法
- 肖家镇啸马村项目内容

第一节

肖家镇啸马村项目背景

一、政策背景

近年来,国家采取了一系列有力措施,推动乡村景观风貌保护。目前,乡村景观风貌保护的势头良好。肖家镇啸马村位于合川区东北部,东、南邻龙市镇,西与四川省武胜县乐善镇为邻,北与岳池县罗渡镇、裕民镇接壤,区域总面积30.04 km²,是具有西南区域特色的乡村景观风貌区,因此其风貌的保护与更新显得尤为重要。以下为国家层面出台的相关政策。

(1)2018年9月,住房和城乡建设部发布《关于开展引导和支持设计下乡工作的通知》。

(2)2019年2月,住房和城乡建设部发布《关于实施农村人居环境整治提升开展美好环境与幸福生活共同缔造活动的指导意见》。

(3)2021年,中央一号文件发布《关于全面推进乡村振兴加快农业农村现代化的意见》。

(4)2022年1月,中央一号文件发布《关于做好2022年全面推进乡村振兴重点工作的意见》。

(5)"十四五"期间发布《国家"十四五"期间传统乡村发展行动方案》。

(6)《中华人民共和国国民经济和社会发展第十四个五年规划和2035年远景目标纲要》中,第二十四章明确提出实施乡村建设行动,优化生产生活生态空间,持续改善村容村貌和人居环境,建设美丽宜居乡村。

(7)2022年,传统乡村集中连片保护利用示范发布《加强农村住房和传统乡村建设的有关意见和2022年传统乡村集中连片保护利用示范的通知》。

这些政策文件和指导意见为乡村风貌保护提供了坚实的政策基础,明确了乡村发展的方向和具体措施,强调保护历史文化、自然环境、绿色生态和田园风光,推动乡村经济发展和公共服务完善与现代化建设。

二、区域背景

肖家镇位于重庆市合川区东北部,东、南邻龙市镇,西与四川省武胜县乐善镇为邻,北与岳池县罗渡镇、裕民镇接壤,区域总面积30.04 km²。肖家镇具有国家农村产业融合发展示范园、重庆市级现代农业产业园、重庆市美丽宜居示范乡镇、重庆市卫生镇等称号。啸马村位于肖家镇内,位置较为独特,到合川城区约47 km,距离重庆主城约100 km,距离川北广安市约45 km,与四川省广安市岳池县罗渡镇、武胜县乐善镇接壤,素有"鸡鸣三县"之称。啸马村村域和传统乡村街区所辖范围的总体面积约1 668 190 m²。乡村建成区呈东西线状分布,总长约750 m。东起小马山脚下,西至明明小学,南北连接大肚子河,并贯穿于新城与老街,边界明确,轮廓清晰(见图5-1-1至5-1-4)。

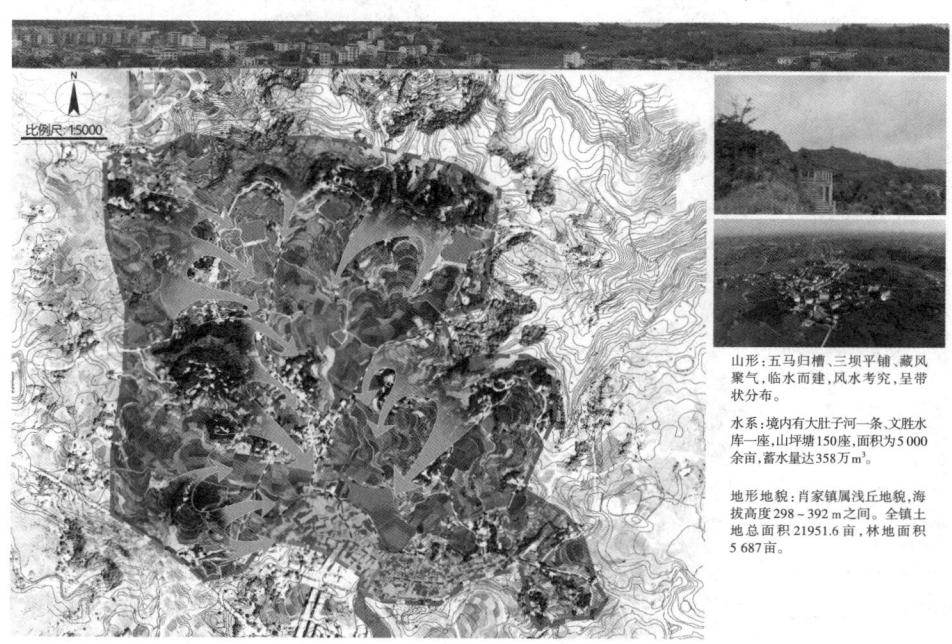

山形:五马归槽、三坝平铺、藏风聚气,临水而建,风水考究,呈带状分布。

水系:境内有大肚子河一条、文胜水库一座,山坪塘150座,面积为5 000余亩,蓄水量达358万m³。

地形地貌:肖家镇属浅丘地貌,海拔高度298~392 m之间。全镇土地总面积21951.6亩,林地面积5 687亩。

图5-1-1　乡村山水格局

乡村景观风貌保护与应用

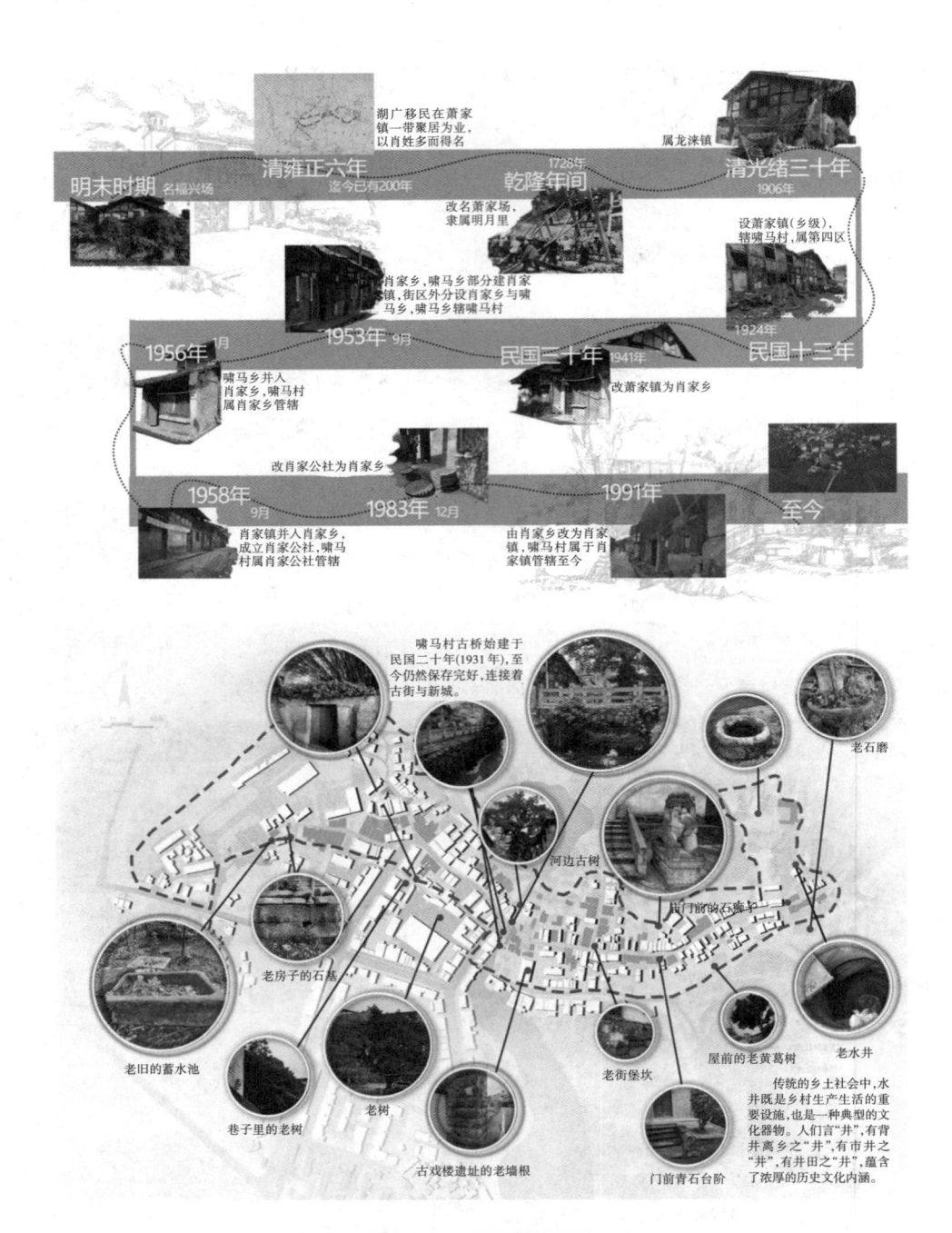

122

图 5-1-2　历史环境要素

图 5-1-3 建筑类型

（包括文保单位、传统居民建筑、历史建筑、风貌不协调建筑、开敞集散空间等）

序号	项目类别	项目名称	项目公布文号	传承时间	传承活动规模	传承人
1	民间舞蹈	架香童子舞	第二批[2009]94号	100年以上	50人	
2	民间音乐	架香锣鼓（七子鼓）	第三批[2011]27号	100年以上	7人	
3	民俗	合州坐歌堂	第四批[2014]1号	100年以上	全村参加	颜玉兰
4	民间舞蹈	架香童子舞	合川府发[2008]25号	100年以上	50人	
5	民间舞蹈	狮舞	合川府发[2008]25号	100年以上	50人	
6	民间音乐	架香锣鼓（七子鼓）	合川府发[2008]25号	100年以上	7人	
7	民间音乐	川剧座唱	合川府发[2008]25号	100年以上	10人	
8	民间音乐	佛歌	合川府发[2008]25号	100年以上	30人	
9	传统戏剧	合川川剧	合川府发[2008]25号	100年以上	20人	
10	民俗	开晕	合川府发[2010]14号	100年以上	5人	
11	民俗	坐歌堂	合川府发[2013]14号	100年以上	全村参加	颜玉兰
12	传统戏剧	合川川剧变脸	合川府发[2018]20号	100年以上	1人	
13	传统技艺	手工制称	合川府发[2019]20号	100年以上	1人	谭代明
14	传统技艺	手工玫瑰花饼	合川府发[2019]20号	100年以上	3人	文泽恩

图 5-1-4 非遗类型与传承现状

第二节
肖家镇啸马村现状分析

啸马村的民居建筑深受当地自然环境和传统生活方式的影响，形成了独具特色的建筑风貌。这里的民居多以三合院的空间形态为主，这种建筑形式不仅是当地居民应对自然环境的智慧体现，同时也是他们长期以来生活方式和文化习惯的具体表现。

一、三合院的空间形态

三合院作为啸马村的主要建筑形式，其空间结构紧凑而实用。整个院落由正房、厢房和院墙围合而成，形成一个封闭的内院。这种布局不仅可以有效地抵御外界风雨的侵袭，还能在炎热的夏季提供一个相对凉爽的居住环境。院落的中心通常是一个小型庭院，居民们可以在这里进行各种日常活动，如晒谷、晾衣、聚会等。在三合院的布局中，院落的设计既考虑到了功能性的需求，也融入了美学和文化的因素。庭院中常常种植花草树木，既美化环境，又为居民提供了一个亲近自然的场所。庭院中的花草树木不仅具有装饰功能，还象征着生命力和繁荣，体现了居民对美好生活的追求和对大自然的敬畏。

二、空间功能的划分

在啸马村的民居建筑中，空间的使用根据不同的功能进行了合理划分。正房一般用于重要的家庭活动和客人接待，厢房则分布于两侧，主要用于居住和储物。厨房、储藏室、牲畜棚等功能性空间通常布置在院落的角落，既方便日常使用，又不影响主要生活区的整洁和美观。这种功能分区不仅提高了生活的便利性，还体现了居民对生活细节的关注和讲究。厨房通常设置在靠近院落出口的地方，方便烹饪时的通风排烟和食材的运送。储藏室则多位于房屋的阴凉处，以保持食物和物品的干燥和安全。牲畜棚设置在院落的边缘位置，既便于管理，又避免了牲畜对生活区的干扰。

三、礼制与空间布局的自由

与北方民居严格的礼制和规矩不同，啸马村的民居在礼制方面相对宽松。北方的建筑往往讲究严格的对称和轴线布局，院落的尺度、空间布局关系、规模和形式都有着严格的规制。而在啸马村，建筑的院落尺度和空间布局则显得更为自由和灵活。

这里的民居建筑并不拘泥于严格的对称结构，院落的规模和形式也根据实际需要和地形条件进行了灵活调整。例如，有些院落因为地势原因，可能呈现出不规则的形状，但这并不影响其功能的实现和居住的舒适度。居民们更多地根据实际生活需求进行建筑布局，使得每个院落都能充分发挥其使用价值。这种自由和灵活的布局方式，使得啸马村的民居具有高度的个性化和独特性。每个院落都根据家庭的需要和喜好进行了独特的设计和布置，形成了多样化的建筑风格和居住环境。正是这种不拘一格的自由布局，使得啸马村的民居既具有统一的传统风貌，又展现出丰富的个性特征。

四、文化和自然环境的影响

啸马村的民居不仅反映了当地居民的生活方式，还深受自然环境的影响。这里的气候温暖湿润，地形多山，为了适应这样的自然条件，民居建筑在材料选择和结构设计上都体现出与自然环境的和谐共生。例如，房屋多采用木结构和青瓦顶，不仅能有效排水，还能在夏季提供良好的通风效果。

建筑材料的选择上以木材为主，不仅因为其取材方便、成本低廉，更因为其良好的调温性能和亲自然的特性。青瓦顶则因其良好的排水性能和耐久性而广泛使用。青瓦在夏季可以反射阳光,降低屋顶温度,而在雨季则能迅速排水,防止积水对屋顶造成损害。此外,墙体多采用土砖或石块砌筑,这种材料不仅坚固耐用,还具有良好的隔热和保温效果,适应了当地的气候条件。

五、社会文化价值

啸马村的民居建筑不仅具有实用价值,还蕴含着丰富的社会文化价值。它们不仅是居民日常生活的重要场所,也是社区文化和社会关系的纽带。三合院的布局不仅促进了家庭成员之间的交流,还为邻里之间的互动提供了空间。院落的开放性使得邻里之间可以方便地来往,形成了紧密的社区关系。

在节庆和仪式活动中,民居院落也发挥着重要的作用。例如,在传统节日或婚丧嫁娶等重要仪式中,院落空间常常成为活动的中心。正房和庭院布置得喜庆热闹,邻里亲友齐聚一堂,共同庆祝,体现了浓厚的乡土人情和集体主义精神。民居的建筑形式和布局还体现了居民对伦理和道德的重视。虽然礼制相对宽松,但家庭的长幼尊卑和社会的礼仪规范仍然体现在建筑布局和使用中。正房作为最重要的房间,一般由家庭中的长者居住,体现了对长者的尊重和孝道。厢房则多为年轻一代和儿童的居所,体现了家庭成员之间的和谐与关爱。

六、文化传承与保护

啸马村的民居建筑不仅是适应自然环境和生活方式的产物,更是当地文化和社会关系的重要体现。它们通过独特的建筑形式和灵活的空间布局,展现了丰富的文化内涵和深厚的历史底蕴。保护和传承这些传统民居建筑,对于研究传统文化、弘扬地域特色和推动乡村振兴具有重要意义。

第五章 | 乡村景观风貌保护实践案例二：重庆肖家镇啸马村实践

图 5-2-1　建筑现状

传统纹样	传统木门	传统木门	传统木门	房屋结构	房屋结构

图 5-2-2　建筑形式

　　啸马村传统建筑特色鲜明，风格古朴自然，建筑保存基本完整，整体风貌良好。民居建筑多为穿斗结构样式，建筑装饰简朴粗放。建筑布局沿街而建，自然延伸，院落高低错落，整体造型和群体轮廓朴实自然，舒展优美（见图 5-2-1，图 5-2-2）。当前，随着城市化进程的加快和现代化建筑的普及，啸马村的传统民居面临着严峻的挑战。保护啸马村的传统民居，不仅是为了保存珍贵的历史遗产，更是为了传承和弘扬传统文化。在保护过程中，需要尊重传统建筑的原貌和风格，同时结合现代技术和材料，改善居住条件，提升生活品质（见图 5-2-3）。

　　啸马村的民居建筑不仅是物质生活的载体，也是文化传承的重要媒介。它们通过独特的空间形态、灵活的功能划分和自由的布局方式，体现了对自然环境和生活方式的高度适应。这些建筑不仅承载着历史的记忆，也在当代社会中继续发挥着重要的作用，值得深入研究和精心保护。

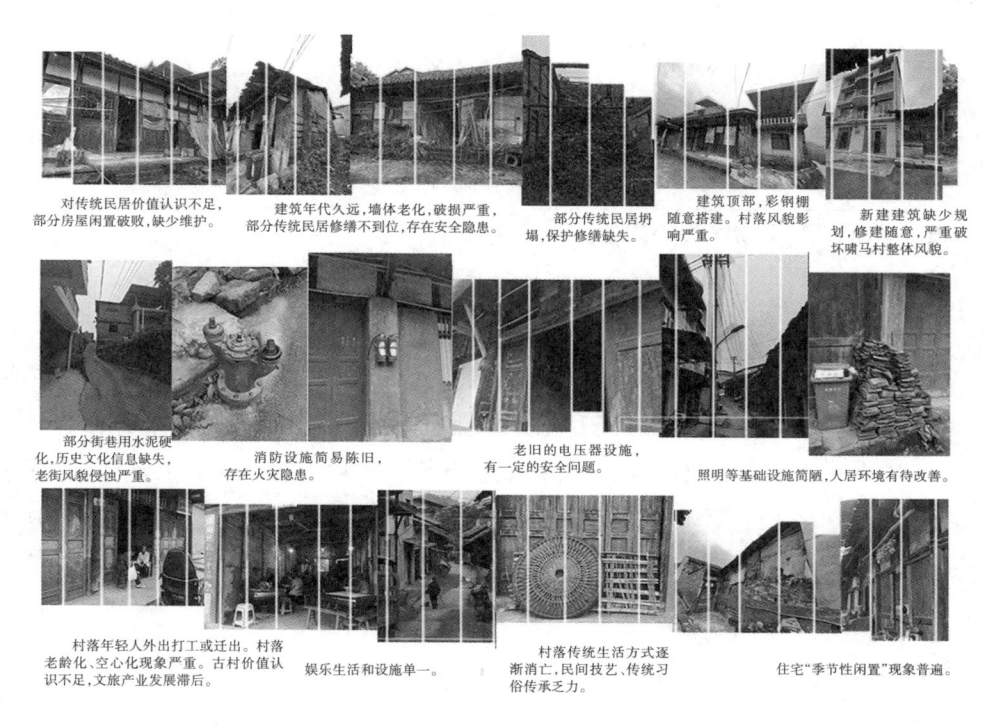

第五章 | 乡村景观风貌保护实践案例二：重庆肖家镇啸马村实践

图 5-2-3　啸马村的整体现状问题

第三节
肖家镇啸马村保护发展与定位

本次规划以传统乡村环境整治提升为设计定位,全面依托卢作孚故里丰富的历史文化资源,以保护传统乡村风貌和提升乡村人居环境为主要目标,通过传承和弘扬乡土文化,推动产业发展,提高乡村全域旅游发展质量,最终实现将啸马村建设成为市级历史文化名村的目标。

一、设计定位

规划设计以传统乡村环境整治提升为核心,通过科学合理的规划设计,提高传统乡村的基础设施和环境质量。在设计过程中,应充分尊重和保护乡村原有的历史风貌和文化特色,确保新旧融合,既保留传统元素,又融入现代生活需求。

传统乡村的环境整治不仅仅是简单的修缮和改造,而是要通过整体规划和系统设计,提升乡村的整体环境质量,包括道路整治、绿化美化、公共设施的完善等。应使乡村在保持原有风貌的同时,具备现代化的生活设施和便利的交通条件,为村民和游客提供既古朴又舒适的居住和旅游环境。

二、依托历史文化资源

卢作孚故里作为啸马村的重要历史文化资源,具有深厚的文化底蕴和丰富的历史遗存。规划设计应充分挖掘和利用这一宝贵资源,通过修复和保护历史建筑、设置文化展示区、组织文化活动等方式,让更多的人了解和感受卢作孚的精神和传统文化的魅力。在规划过程中,应重点保护和修复卢作孚故里的相关历史建筑和文化遗址,通过建立历史文化展示馆、开设文化讲座等活动,全面展示卢作孚的生平事迹和对社会的贡献。同时,结合现代多媒体技术,增强互动性和体验感,使游客能够更深入地了解和体验这段历史。

三、提升乡村人居环境

提升乡村人居环境是本次规划设计的重要目标之一。应通过改善基础设施、优化环境卫生、提升居住条件等多方面的努力,全面提高村民的生活质量。以下是具体措施。

1. 基础设施建设

完善村内道路交通系统,提高道路质量,确保村内交通畅通便捷。增设公共照明设施,提升夜间安全性和便利性。

2. 环境卫生整治

加强村内环境卫生管理,设立垃圾分类收集点和环保宣传栏,提高村民的环保意识,培养卫生习惯。定期组织村内环境清洁活动,保持村容村貌整洁。

3. 居住条件改善

修缮和改造老旧民居,提升建筑安全性和居住舒适度。鼓励村民美化自家庭院和房屋外立面,形成整洁美观的村居环境。

4. 公共服务设施

建设和完善村内公共服务设施,包括卫生室、文化活动中心、老年活动室等,为村民提供全面的公共服务。

四、传承乡土文化

传承和弘扬乡土文化是规划设计的核心内容之一。通过保护传统建筑、举办民俗活动、推广传统手工艺等方式,全面展示和传承当地的乡土文化。以下是具体措施。

1. 保护传统建筑

对村内具有历史文化价值的传统建筑进行修缮和保护,恢复其原有风貌,保持乡村的历史风貌和文化特色。

2. 举办民俗活动

定期举办传统节庆活动和民俗表演,如春节庙会、舞龙舞狮等,丰富村民和游客的文化生活,传承民间传统。

3. 推广传统手工艺

支持和鼓励村民传承和发展传统手工艺,如木雕、刺绣、陶艺等,设立手工艺作坊和展示区,展示和销售传统手工艺品。

五、带动产业发展

通过提升乡村环境和传承文化,带动当地产业发展,特别是旅游业和农业的发展。通过发展特色农业、乡村旅游和手工艺品产业,增加村民收入,推动乡村经济发展。以下是具体措施。

1. 发展特色农业

结合当地自然条件和传统农业技术,发展有机农业和特色农产品,如有机蔬菜、特色水果等,打造生态农业品牌,构建生产型农业景观。

2. 乡村旅游发展

开发和推广乡村旅游线路和项目,如农家乐、民宿、生态旅游等,吸引更多的游客前来体验乡村生活和自然风光。

3. 手工艺品产业

支持和发展传统手工艺品的制作和销售,通过建立手工艺品市场和网络销售平台,提升手工艺品的市场影响力。

六、提高全域旅游发展质量

通过综合提升乡村环境和产业发展水平,提高全域旅游的发展质量。以下是具体措施。

1.旅游基础设施建设

完善旅游接待设施和服务设施,如游客中心、停车场、公共厕所等,为游客提供便利的旅游服务。

2.旅游宣传推广

通过多种渠道宣传推广乡村旅游资源和特色项目,如举办旅游节庆活动、拍摄宣传片、通过网络和媒体进行宣传等,提升旅游知名度。

3.旅游服务质量提升

加强旅游从业人员培训,提高服务质量和水平,为游客提供优质的旅游体验。

通过以上系统的规划设计和定位,啸马村将实现提升环境、传承文化和繁荣产业的目标,成为设计推动乡村振兴的特色示范点。

第四节
肖家镇啸马村保护策略与方法

前面从横向与纵向两个角度系统梳理了肖家镇啸马村的具体现状与问题，同时依据当地的产业资源、文化资源、生态资源等内容，针对问题，从文献、案例、历史经验以及自身设计实践等维度探索肖家镇啸马村的保护策略与方法。

啸马村的设计目标包括风貌特色保护、功能品质优化、环境特色提升和文化产业激活四个方面。在确保啸马村独特的风貌不被现代化进程破坏、提高其功能性和品质、改善整体环境特色的同时，应促进其宜居宜业的发展。同时，通过文化产业的引入和发展，激活啸马村的旅游发展，促进当地文化的传承与创新。

风貌特色保护是确保啸马村在现代化进程中不失其独特的文化和历史特色。通过保留和修复传统建筑和街巷格局，让村庄的历史风貌得以延续，同时也为居民和游客提供一种原汁原味的文化体验。

功能品质优化则是通过科学合理的规划和设计，提高啸马村的功能性和品质，使其能够满足现代生活的需求。这包括对基础设施的升级改造，提升公共服务的质量，以及引入现代化的设施和设备，以提高居民的生活条件和旅游体验。例如，可以通过优化道路网络和交通设施，提高出行的便捷性；通过建设现代化的医疗、教育和文化设施，提升公共服务水平。

环境特色提升是为了改善和提升啸马村的整体环境特色，使其更加宜居和美观。这包括对当地自然环境的保护和修复，如河流、湖泊、森林和田野的生态环境恢复和景观美化，以及对人造环境的整治和优化，如乡村传统民居的风貌改造、场地的铺装和绿化、乡村家具的配置和维护等。

对文化产业的激活是充分利用和发展当地的特色文化资源,变文化资源为产业资源、旅游资源等,促进当地的文化传承与创新。具体包括建立乡村手工艺作坊,农产品展示中心等内容,打造一个集创作、生产、展示和销售为一体的乡村文化产业链条。同时,可以通过举办各种文化活动和节庆活动,如民俗表演、传统手工艺展示、农产品博览会等,吸引游客,增加人气,提升啸马村的知名度和影响力。

在保护原则方面,将采取分区分期的方法,根据啸马村不同区域的特征和需求,分阶段、分区域进行保护和开发。例如,对于历史文化价值较高的核心区域,将优先进行保护和修复,保持其原貌。产业融合是另一重要原则,将推动当地传统产业的创新性发展,促进啸马村经济多元化发展。

风貌传承在于尊重和传承啸马村的历史风貌和文化遗产,确保其独特的文化价值得以延续。例如,通过设立文化遗产保护区,制定严格的保护措施和管理规定,确保文化遗产不被破坏和损毁。在保护和开发过程中,突出重点区域和重点项目,集中资源和力量进行建设,确保取得显著成效。例如,可以选择一些具有代表性和示范性的项目,如将重要历史建筑的修复、特色街区的改造、重点景区的开发等作为重点项目,优先实施,以期达到事半功倍的效果。以人为本是在整个设计和规划过程中,以人的需求和体验为核心,注重人性化设计。

在设计方法方面,应采取视觉界面的重塑、空间关系的梳理、当地材料工艺延承、艺术手法的植入、历史遗迹的利用等多种方法。通过色彩设计、灯光设计、标识设计等手段,提升建筑物、街道和公共设施的视觉效果,使其更加吸引人。空间关系的梳理是通过优化内部的空间关系,提升其合理性和功能性。通过调整建筑布局、规划交通流线、设置绿化隔离带等手段,改善空间利用效率,提升空间的舒适度和便捷性。材料工艺的延承是在设计中延续啸马村传统的材料和工艺,保持其历史和文化特色,使用传统的木材、砖瓦、石材等材料,采用传统的建筑工艺和技术,保持其原有风格和特点。

艺术手法的植入是将艺术元素融入啸马村的设计中,提升其文化内涵和艺术氛围。例如,可以通过设置公共艺术品、举办艺术展览、引入艺术家驻村等方式,增加艺术氛围和文化魅力。应合理利用和保护啸马村的历史遗迹,使其成为重要的特色和文化资源。田园诗画的打造是通过设计将啸马村的自然景观和人文景观升华成田园诗画般的美景,提升其整体吸引力。例如,可以通过景观设计、园林设计、环境美化等手段,将啸马村打造成一个充满诗情画意的美丽乡村。具体内容包括滨水景观环境的优化提升、街巷格局风貌的修复保护、传统民居建筑的保护修缮、公共空间功能的优化提升和乡村文化遗产的保护传承等。

在整个设计过程中,通过感性认知理解啸马村的独特风貌和文化内涵,在分析保护和开发过程中实现风貌改善的具体设计目标(见图5-4-1、图5-4-2)。

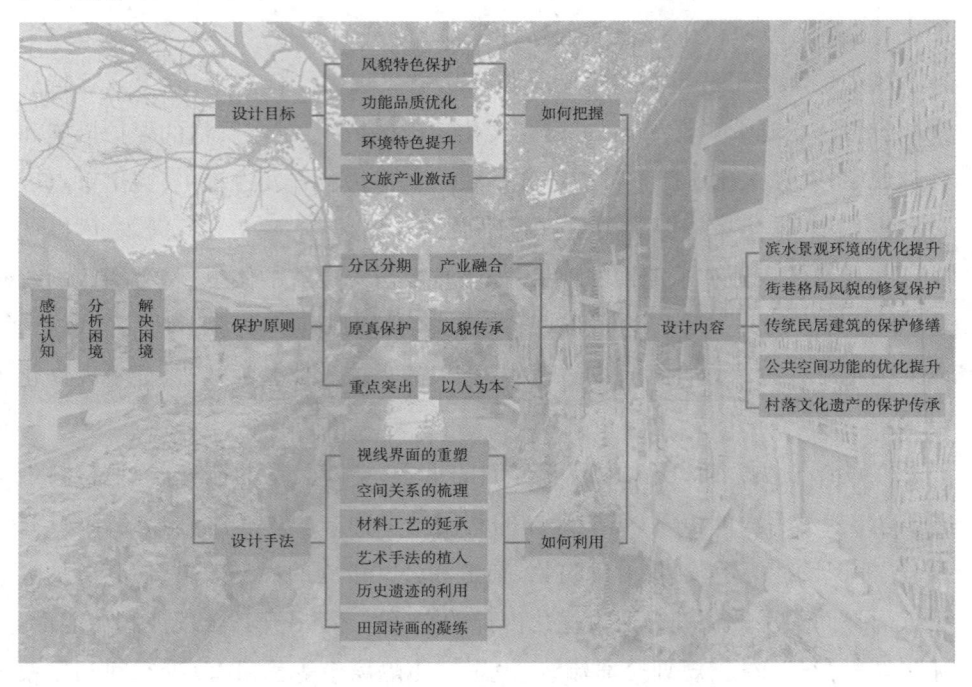

图5-4-1　策略与方法逻辑图

传统民居修缮保护:(1)核心保护区传统民居修缮
　　　　　　　　(2)重要传统民居、历史建筑保护修缮
　　　　　　　　(3)重要历史院落保护修缮
　　　　　　　　(4)已坍塌建筑民居修复
　　　　　　　　(5)风貌不协调建筑整治
历史保护单位修缮:(1)古戏楼重建
　　　　　　　　(2)清源寺修缮
　　　　　　　　(3)古石桥修复
　　　　　　　　(4)卢作孚祖铺(卢氏布行)复建修缮
　　　　　　　　(5)古水井重建
人居环境提升:(1)滨水景观提升
　　　　　　　(2)啸马村地面修复
　　　　　　　(3)巷道空间整治
基础设施建设:(1)消防设施建设
　　　　　　　(2)标识、标牌建设
　　　　　　　(3)管网整治
　　　　　　　(4)电力工程改造
　　　　　　　(5)电信工程改造

图5-4-2　改善内容

第五节

肖家镇啸马村项目内容

一、规划要点

（1）对于文物保护单位，必须按其规划严格保护、精心修缮，在其保护范围内严禁新建任何建（构）筑物；所有的保护、修缮及管理、使用严格按照《中华人民共和国文物保护法》与《中华人民共和国文物保护法实施条例》的规定执行。

（2）对于已确定的"重要历史建筑"，必须精心保护，落实保护主体与保护措施；加强环境的改善，力求恢复原有的传统风貌，不得改建、拆建及任意加建；修复时必须按原址、原样修建，不准改变原来的结构、层数、坐向及材料做法；对于必要的恢复、维修、加固及增添基础设施等必须有详细设计；维修本着"尊重原貌、原样修复"的原则进行。

（3）对于已确定的"重点保护民居"，落实保护主体与保护措施；加强环境的改善，尽可能恢复原有传统风貌，不应任意改建、拆建与加建；修复时应按原址、原样修建，不应改变原来的结构、楼层、坐向及材料做法；对于必要的恢复、维修、加固及增添基础设施等必须拿出计划及必要的设计；本着尊重传统建造工艺和材料的维修原则进行。

（4）对于乡村中大量的一般传统民居，需要按统一的要求进行保护、维修，不应擅自拆毁与破坏。允许内部增添基础设施及为满足生活需求进行必要的改造，但尽量隐蔽新材料、新设施；外部要力求保持传统的体量、尺度、造型、风貌及装修，使用传统的材料与色调。所有的维修、加固及内部改造等都应拿出详细的计划。

（5）对于在乡村原址上翻建的传统民居，应按传统形式，使用传统材料，要有详细的设计。

（6）对于乡村中的非传统民居及风貌不协调建筑，应按保护规划要求进行改造，改造要拿出详细的设计。

表5-5-1　结构与墙体

项目	正确示例	错误示例
层数	民居多以1层+阁楼的形式为主	严禁核心保护区新建现代二层及以上建筑和违规构筑物
承重体系	穿斗架以竖向木柱承重受力，每根柱只承受一根或两根檩的荷载，穿枋、斗枋穿过多根柱子构成框架	传统民居修缮不得使用纵向砖墙、砖柱或钢筋混凝土梁柱为承重的体系
材料体系	疏檩：每根柱子直接落地；密檩：不完全的檩柱支撑；穿斗式构架以柱承檩，构架排列用料节约	传统民居禁止使用钢筋混凝土梁柱等现代建筑承重结构
	传统民居建筑材料多就地取材，以木制梁、楔、柱、椽为承重结构，以竹篾墙和木板、砖石形成墙体和隔断，以小青瓦盖顶	禁止使用水泥加固的粗暴方式，对重要历史建筑与传统民居的墙体维修时应遵循原貌，保留原有工艺

表5-5-2　架构基本形式

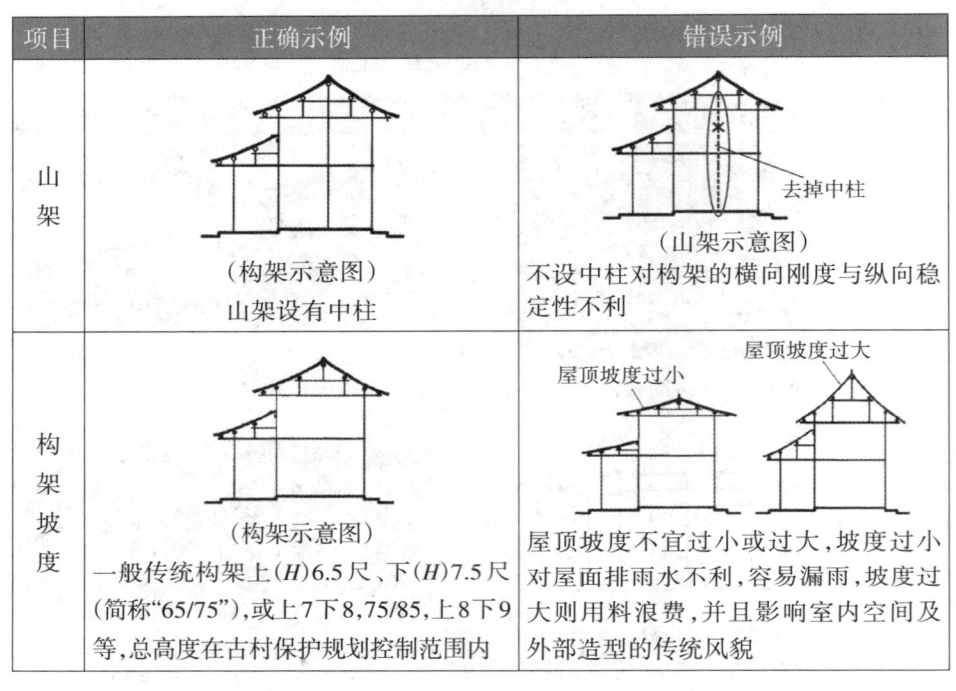

项目	正确示例	错误示例
山架	（构架示意图） 山架设有中柱	（山架示意图）去掉中柱 不设中柱对构架的横向刚度与纵向稳定性不利
构架坡度	（构架示意图） 一般传统构架上(H)6.5尺、下(H)7.5尺（简称"65/75"），或上7下8，75/85，上8下9等，总高度在古村保护规划控制范围内	屋顶坡度过小　屋顶坡度过大 屋顶坡度不宜过小或过大，坡度过小对屋面排雨水不利，容易漏雨，坡度过大则用料浪费，并且影响室内空间及外部造型的传统风貌

表5-5-3　架构基本形式

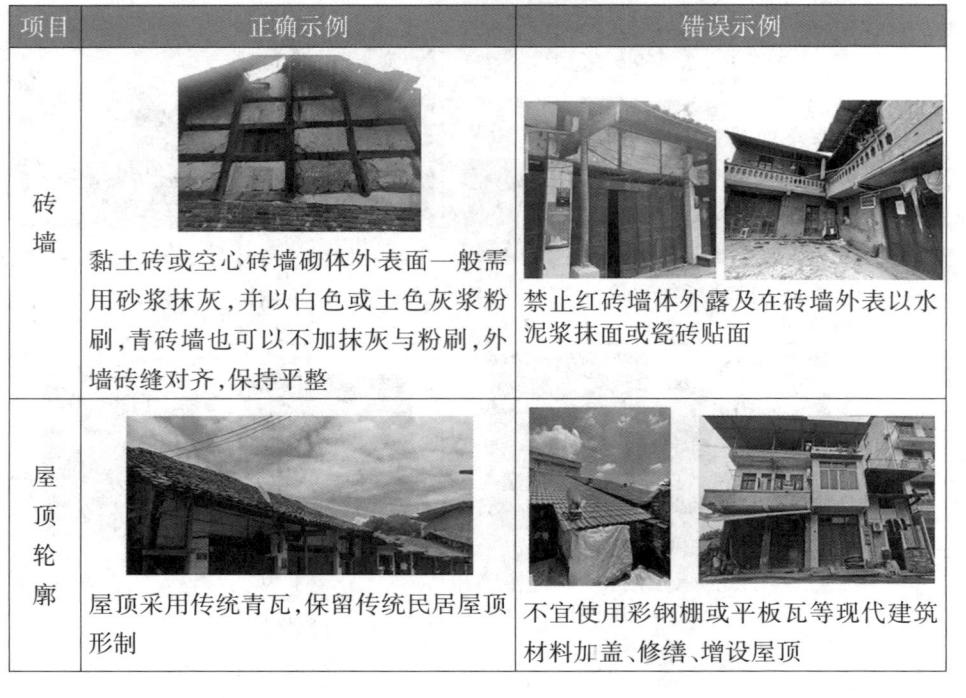

项目	正确示例	错误示例
砖墙	黏土砖或空心砖墙砌体外表面一般需用砂浆抹灰，并以白色或土色灰浆粉刷，青砖墙也可以不加抹灰与粉刷，外墙砖缝对齐，保持平整	禁止红砖墙体外露及在砖墙外表以水泥浆抹面或瓷砖贴面
屋顶轮廓	屋顶采用传统青瓦，保留传统民居屋顶形制	不宜使用彩钢棚或平板瓦等现代建筑材料加盖、修缮、增设屋顶

第五章 | 乡村景观风貌保护实践案例二：重庆肖家镇啸马村实践

141

项目	正确示例	错误示例
体型组合	 民居院落多为三合院形式，正房和厢房布局因地制宜，灵活适用	 核心保护区禁止修建现代建筑工艺的独栋楼房，民居修缮注意保持建筑和院落原有的空间结构关系
承重体系	 民居建筑外观造型灵活，风格古朴，高低错落，灰白相间	 严禁采用现代建筑材料和结构修建房屋
窗	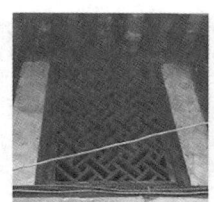  外立面上的窗皆为木板窗、木格窗等传统形式，近代也有在传统形式的木窗扇中镶嵌玻璃的情况	 禁止采用大玻窗、铝合金彩玻窗、钢窗、塑料窗、外置防盗笼等风貌不协调的门窗装饰
色彩	  以板栗色或古铜色为准	  不采用与风貌格格不入的色漆（白色、黑色、绿色或过于鲜艳的及纯度很高的色彩）；原木涂清漆呈现出刺眼的亮黄色，也不宜用

二、修缮要求

（1）保护原有民居选址布局与地形、水系自然布局的关系，不应随意改变与破坏建筑周边环境。

（2）保护原有传统平面格局，不宜加建、搭建任何附加的、临时性的建筑物或构筑物。

（3）保护民居原有的高度、进深、开间等尺度，不应任意加高、加深、加长。

（4）保护原有木构架及其构筑方式，对于局部需要加固的墙、板、柱，对外不应改变原有风貌。

（5）保护原有民居的外部造型及轮廓，不应加建露出原有轮廓的建筑物、构筑物及架设附加物。

（6）柜台、入口等不应改变形式、风格、色调或暴露新型材料。

（7）保护原有民居的细部装修，不应损坏、任意拆改或涂抹原有墙壁、铺地、门窗、梁枋等装饰构件以及栏杆、木柱等。

三、专项设计

1.古戏楼的重建设计

以古戏楼原址原貌重建为原则，整体建筑以砖木结构为主，局部采用石刻、木雕等装饰构件，戏楼整体造型古朴。古戏楼的修建将成为啸马村新的文化标志（见图5-5-1，图5-5-2）。

第五章 | 乡村景观风貌保护实践案例二：重庆肖家镇啸马村实践

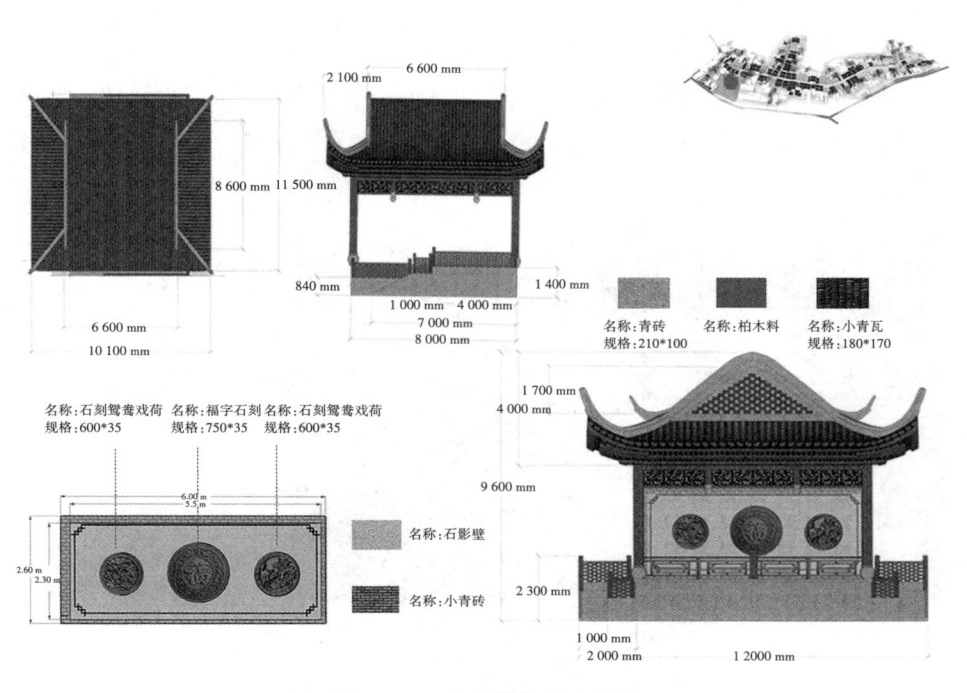

图 5-5-1　古戏楼的重建设计

图 5-5-2　古戏楼的重建设计

2.古石桥修复设计

秉持修"旧如旧",传承内涵的原则,对其保留原有桥墩与桥拱上方的龙头雕刻,增设青石扶手和围栏,重点修缮桥拱上方的龙头石刻(见图5-5-3至图5-5-4)。

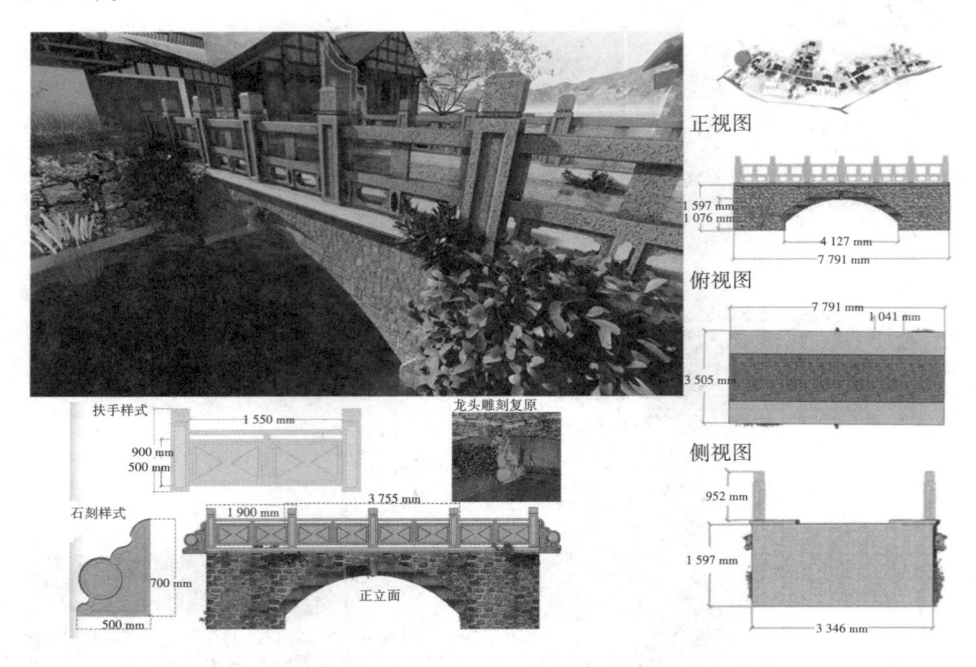

图5-5-3　古石桥细节详图

图5-5-4　古石桥修复设计

3. 其他专项修复设计

清源寺及卢作孚祖铺(卢氏布行)的修复设计示意图如下。

图 5-5-5　清源寺修复设计

图5-5-6　卢作孚祖铺(卢氏布行)修复设计

第六章
乡村景观风貌保护实践案例三：重庆官渡镇方碑村实践

- 官渡镇方碑村概况及现状分析
- 官渡镇方碑村设计要点
- 官渡镇方碑村设计实践
- 官渡镇方碑村设计反思与展望

第一节
官渡镇方碑村概况及现状分析

一、官渡镇概况

1. 基本概况

官渡镇位于重庆市合川区东北部的渠江西岸,距离合川主城区 28 km,辖区面积 60.62 km²,全镇辖 13 个行政村,80 个合作社,1 个社区居委会,总户数 12 371 户,总人口 38 978 人,其中农村人口 36 309 人。农业人口中,三峡移民 565 人。

镇内渠江水岸 15 km,有 5 个村沿河岸,境内有水运码头 4 个。辖区内公路里程达 87 km(其中水泥硬化公路 28 km),水泥便民路 46 km。

辖区内有中学 1 所,小学 3 所,中心幼儿园 3 所,私立幼儿园 2 所,学龄儿童入学率达 100%。在 2006 年新建宣传文化站 1 个,室内设施设备齐全,室外篮球场、健身场、电影院齐备,现已正式投入使用。医院 3 所,自来水厂 2 个,变电站 1 个,工商、公安、银行等职能部门服务体系健全。

2. 历史沿革

始建于清代,清光绪三十二年(1906 年),官渡场与福寿场均隶属仁寿乡;民国二十年(1931 年)设立官渡镇;1949 年 12 月 3 日,官渡升格为区(即第三区)。

3. 经济概况与社会发展概况

官渡镇人杰地灵,群众勤劳诚恳,劳动力资源优势明显。镇域地大物博,山岭起伏,风景秀丽,有丰富的自然资源。

(1)经济概况

官渡镇主要是以农业为主导产业,是合川区蚕桑基地镇和水产基地镇,特色产业以蚕桑、水果、水产、肉兔为重点,现已建起150亩优质油桃园1个,在通庙村建成养兔场1个、较大型猪场6个,工程化养鱼5处,沿河网箱养鱼800余平方米,目前正以大户带动、典型引路的做法,辐射周边。

全镇外出务工人员约1.1万人,常年务工纯收入达3 000万元以上。官渡镇总人口与主导产业见表6-1-1。

表6-1-1 官渡镇总人口与主导产业

村名	总人口（人）	主导产业
断桥村	4 057	生猪、花木
梭子村	2 992	油桃
草坪村	2 611	柑橘、蚕桑
天寨村	2 724	水稻
石笋村	2 159	柑橘、蚕桑
铺坝村	2 717	—
贾河村	2 233	水产
万寿村	3 500	
菊星村	2 802	生猪
唐桥村	2 841	—
兴胜村	2 655	生猪
通庙村	3 279	
石屋村	2 096	水稻、水产
居委会	2 743	水产养殖、水果

(2)社会发展概况

官渡场镇环境优美,功能设施较为完善,是重庆市命名的园林绿化小城镇之一。官渡镇确立了"五个三"发展举措:一是"三个突破",即场镇建设有新的突破,招商引资、工业企业发展有零的突破,土地集约化经营有较大的突破;二是"三个加快",即加快新农村示范村产业结构调整,加快农村基础设施建设,加快蚕桑产业发展;三是"三个建立",即建立运输专业合作社,建立蚕桑专业合作社,建立蔬菜专业合作社;四是"三个增加",即增加农民耕地占有量,增加农业投入,增加劳务输出;五是"三个消除",即消除移民"零就业"家庭,消除农村剩余劳动力"零转移"家庭,消除农村弱势群体"零保障"家庭。党政领导班子正团结带领全镇干部群众,为努力构建绿色、人文、靓丽、和谐的官渡而奋斗。

二、发展策略

1. 总体发展策略

近期发展目标为加强城镇自身建设,发展第二产业。利用优惠政策和官渡镇良好的区位、资源、交通等优势,创造良好的投资环境,吸引和发展规模较大的企业,改善工业布局"散、乱、小"的局面;同时,充分发挥公路交通优势,发展运输、仓储等物资转运行业,共同推动官渡镇经济快速稳定增长。

远期发展目标为,完善官渡镇城镇功能,将其建设成为经济繁荣、生态安全、环境优美、科技发达、富有山水园林城镇特色的现代化滨江工业小城镇。

2. 区域协调发展战略

发挥其滨江的优势作用,强化与周边乡镇的分工协作,突出交通、商贸、产业等优势。在前期,扩大农村产业化经营规模和加快官渡建设步伐,加强城镇自身建设,逐步完善急需的基础设施与社会服务设施。在中期,加快小城镇建设,逐步完善各种基础设施与社会服务设施。到规划末期,完善合川区官渡镇城镇功能,将其建设成为现代化工业小城镇,并实现"绿色官渡、靓丽官渡、旅游官渡、人文官渡、和谐官渡"。

第二节
官渡镇方碑村设计要点

经调研发现,方碑村乡村公共空间主要存在建筑废弃破败、基础设施不完善、传统风貌丢失、缺少地域特色、景观效果差、空间闲置等问题(见图6-2-1)。基地总面积约为11 000 m²,包括5栋建筑(3栋现代民居建筑,1栋废弃小学建筑,1栋单层废弃建筑),3处池塘(总面积约为2 800 m²)。在设计中,应注意传统建筑的保护、景观元素的利用,提升街巷空间景观环境,优化生态环境。

图6-2-1 调研现状

一、建筑与空间策略

整体策略依托原有公共空间的功能与布局，深入挖掘当地乡土文化资源，结合当下旅游业的需求，整合周边景观资源的优势，进行乡村公共空间功能的置换与更新，设计出满足游客与当地居民需要的乡村公共活动空间。针对村中的传统民居，进行细致的结构检查和加固，确保其安全性，同时维护和修复老旧的外观，如瓦片、木构件等，保留其原始风貌。这样的修复工作不仅保护了建筑的历史价值，也为乡村旅游增添了吸引力（见图6-2-2）。

二、景观设计与生态提升

对现有池塘进行生态恢复，引入适宜的水生植物，设置观鱼平台，增设小型人工湿地来净化水体，同时提供自然教育的场所。这些改动不仅美化了景观，也提升了生物多样性，成为观察自然的绝佳场所。种植本地植被，连通各个绿色空间，形成生态走廊。这些走廊不仅为野生动物提供栖息地和迁徙路径，也使游客能够近距离接触乡村的生态与自然。

三、强化地域特色与文化传承

定期举办文化节庆活动，如春节、中秋节的传统庆祝活动，展示地方特色的手工艺和农耕文化，增强社区的凝聚力，同时吸引游客深入了解本地文化。利用本土材料和工艺，在建筑和修复工作中优先使用当地材料（如竹、木），采用传统的建筑技艺，这样不仅突出地域特色，也支持了本地的工艺产业发展。

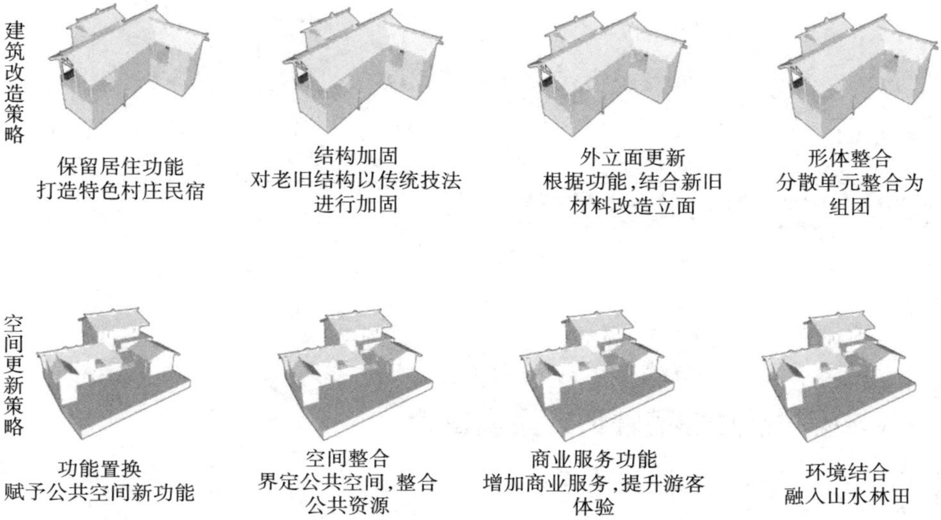

第六章 | 乡村景观风貌保护实践案例三：重庆官渡镇方碑村实践

建筑改造策略	保留居住功能 打造特色村庄民宿	结构加固 对老旧结构以传统技法进行加固	外立面更新 根据功能，结合新旧材料改造立面	形体整合 分散单元整合为组团
空间更新策略	功能置换 赋予公共空间新功能	空间整合 界定公共空间，整合公共资源	商业服务功能 增加商业服务，提升游客体验	环境结合 融入山水林田

图6-2-2　设计思路

第三节
官渡镇方碑村设计实践

一、方碑村碉楼聚落情景式景观设计

1. 项目背景

选址合川区官渡镇方碑村碉楼聚落为设计对象,针对碉楼聚落现状,结合方碑村乡村振兴总体规划,将碉楼聚落打造为具有乡村基调、田园特色、文化品质的民宿项目。在古时,方碑村居住着许多盐商和财力雄厚的达官贵人,为防止敌人对其实施侵害,他们修建了碉楼建筑来确保自身安全。碉楼聚落景观风貌极具研究价值,且是乡村农文旅重要的景观节点。碉楼聚落依山面水,视野开阔,一目千里,风景极佳(碉楼聚落示意见图6-3-1、图6-3-2)。

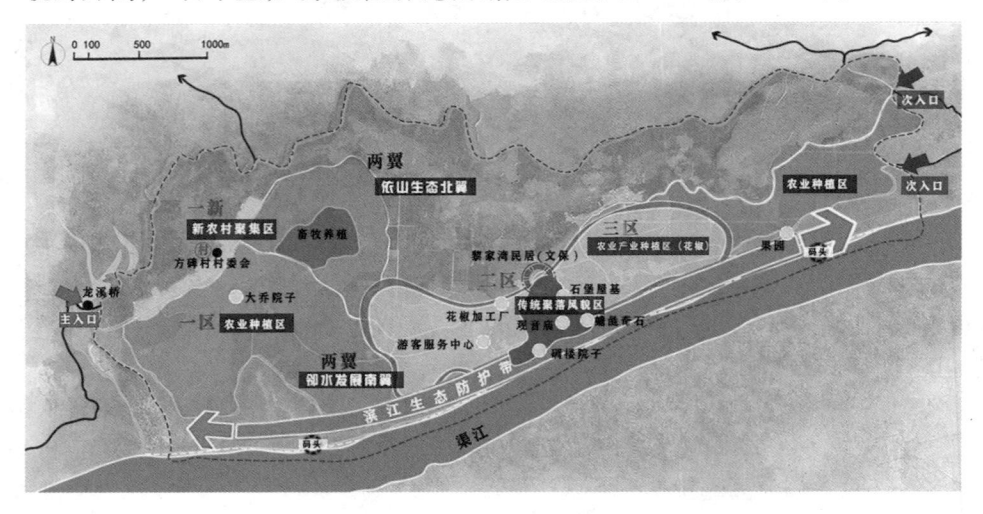

图6-3-1　碉楼聚落示意

图6-3-2 碉楼聚落

2.设计内容

(1)设计范围

本方案碉楼聚落景观激活设计,占地总面积42 010 ㎡,建筑面积3 183 ㎡,农田面积24 319 ㎡,堰塘面积2 200 ㎡,其他面积12 308 ㎡(碉楼平面分布图见6-3-3)。

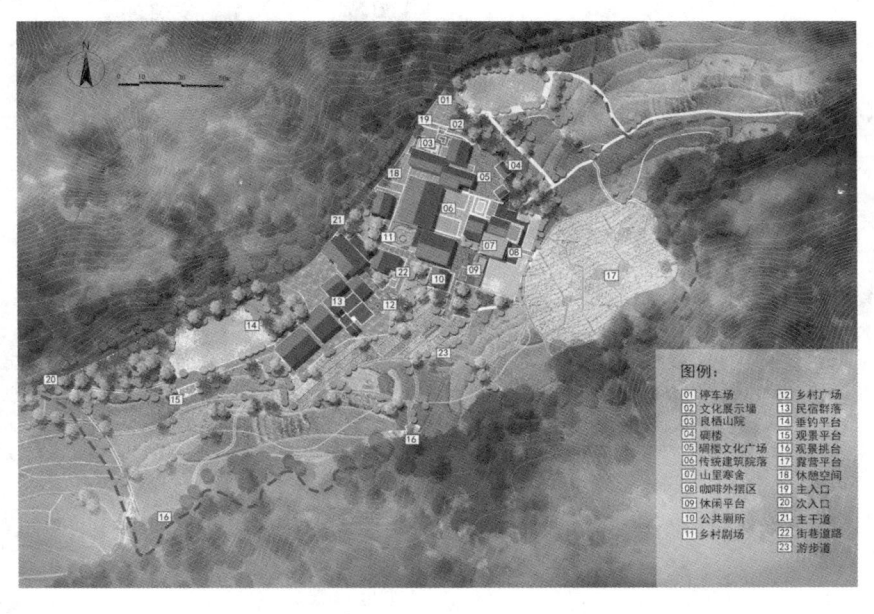

图6-3-3 碉楼平面分布图

(2)设计策略

以遵循乡村传统肌理格局、乡村自然生态环境和农业生产生活习惯的传统依存关系为原则,以建设生态宜居的美丽乡村为目标,综合相关规划以及村民意愿需求,通过融合巴渝民居的风貌元素,构建功能划分合理,空间格局优化的乡村聚落。

(3)设计分析(见图6-3-4至图6-3-7)

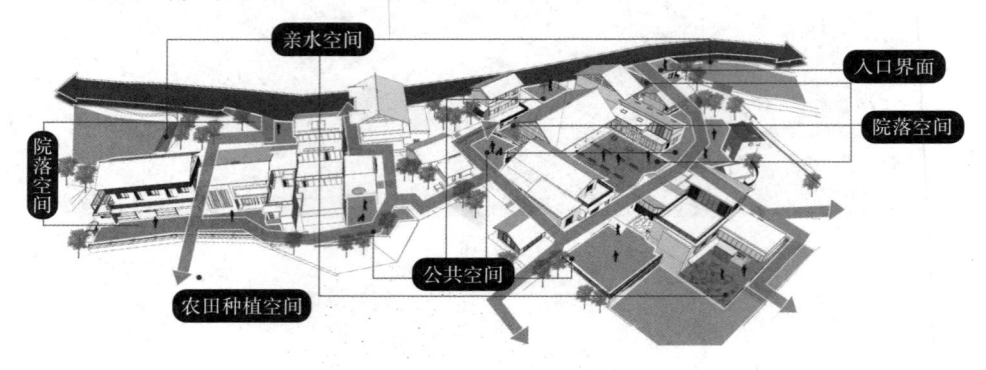

图6-3-4 设计空间分析

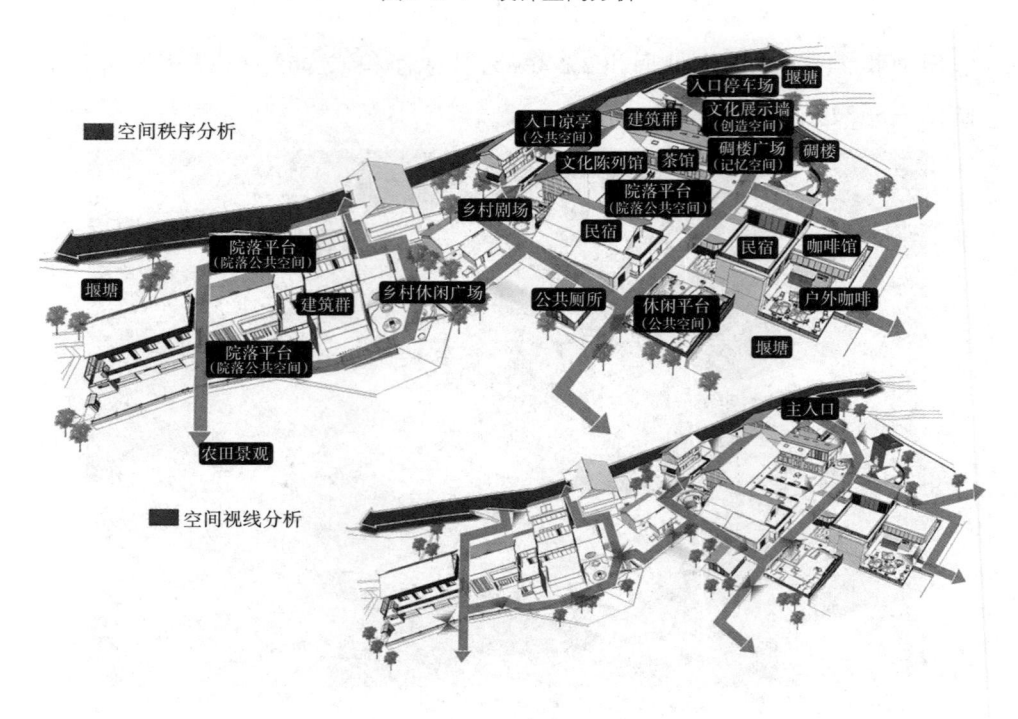

图6-3-5 空间秩序、空间视线分析

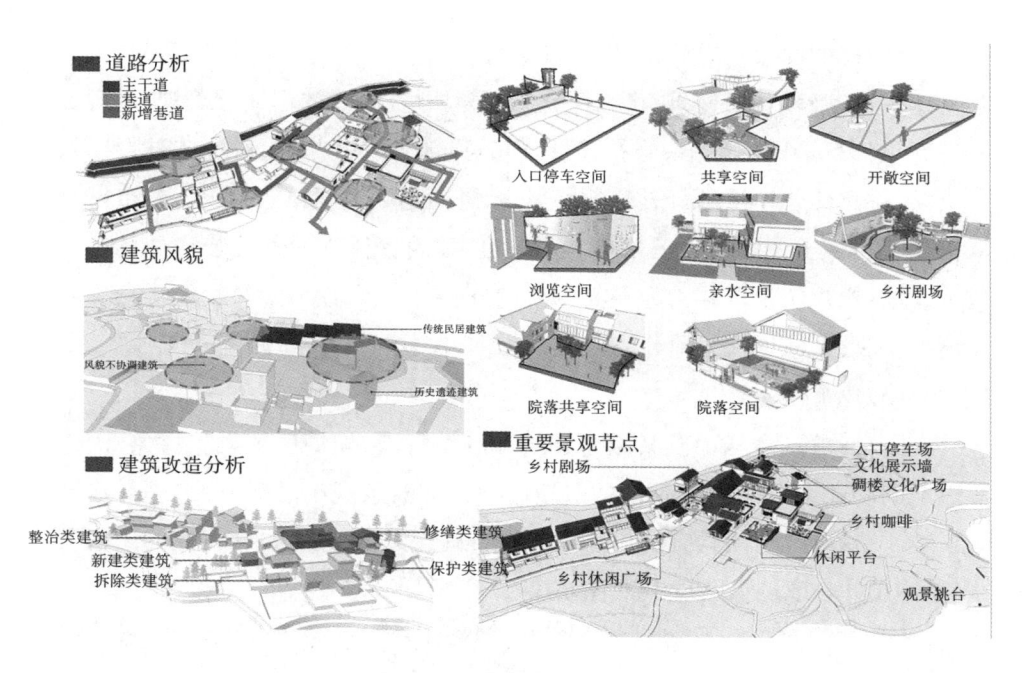

第六章 | 乡村景观风貌保护实践案例三：重庆官渡镇方碑村实践

图 6-3-6　空间节点分析

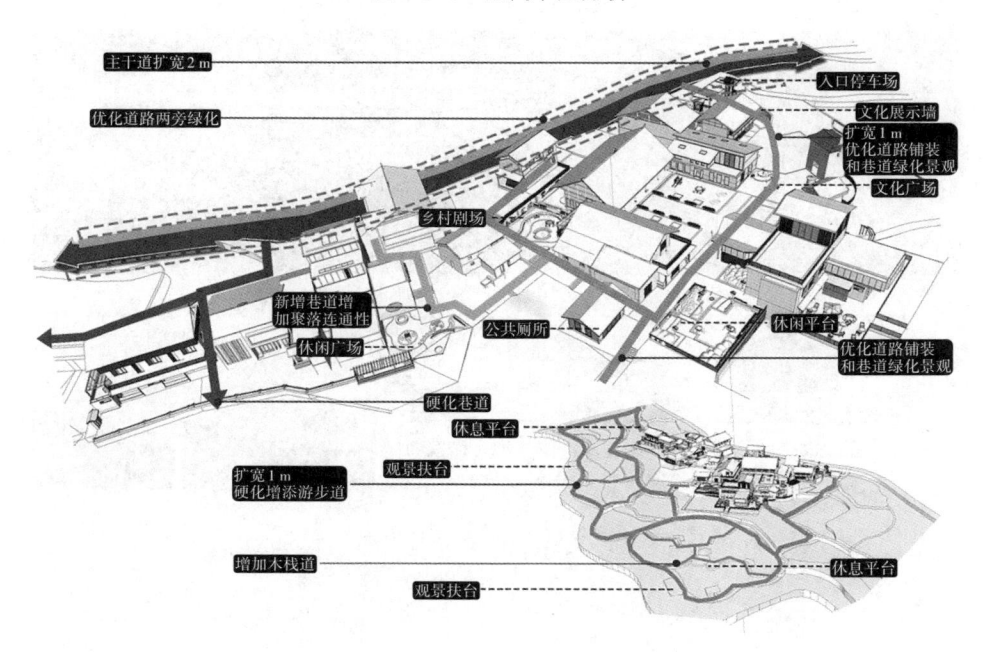

图 6-3-7　道路风貌提升

(4)详细设计

更换:墙体立面材质,建筑部分立面整体情况良好,但缺乏美观,进行统一更新设计打造民宿聚落;修补:对墙面破损部分进行修补,对瓷砖进行剔除及更换,挑选建筑体量进行彩色外墙美化,进而达到油画村效果;美观:格栅和彩钢棚采用乡土属性材质的格栅和彩钢棚,建筑整体立面外观装饰;改造:建筑平改坡,原建筑顶层结构为平面屋顶或自建改平顶,统一对该情况进行坡屋顶增加及改造。

(5)建筑外立面

民宿改造(良栖山院):结合建筑和场地特点,挖掘区域风貌特色,优化建筑空间功能,在建筑界面、结构造型、材料搭配、景观小品等方面,进行建筑和景观改造设计,营建具有乡村基调、田园特色、文化品质、设施优良的民宿项目(具体设计与改造见图6-3-8、图6-3-9)。

图6-3-8 建筑外立面改造

第六章 | 乡村景观风貌保护实践案例三：重庆官渡镇方碑村实践

图 6-3-9 建筑外立面改造

(6)景观风貌改造

注重乡村乡土性,保留原始风貌,复兴乡土文化,坚持"村要像村"。挖掘乡土文化,巧用乡土材料,凸显地域特色,延续乡愁文化。在乡村改造中,需要在保护乡村本土文化、保存原始风貌和生态肌理、保留乡村社会价值体系和集体情感记忆的基础上,深入发掘乡村背后的故事和文化基因。一是人居环境美化:绿化美化乡村聚落空间,打造原生态乡村生活圈;二是优化宅旁绿化:增设景观小品,营造乡村庭院空间整治、绿化美化范围内主要道路、街巷道路、田间步道;三是周边环境美化:整治聚落内因牲畜散养存在的粪便、污水和恶臭污染,整顿垃圾乱扔的现象;四是完善基础配套设施:对居民的排水排污、燃气环卫等基础配套进一步建设完善,修建公共服务设施,提高乡村资源的吸引力。景观风貌设计见图6-3-10至图6-3-13。

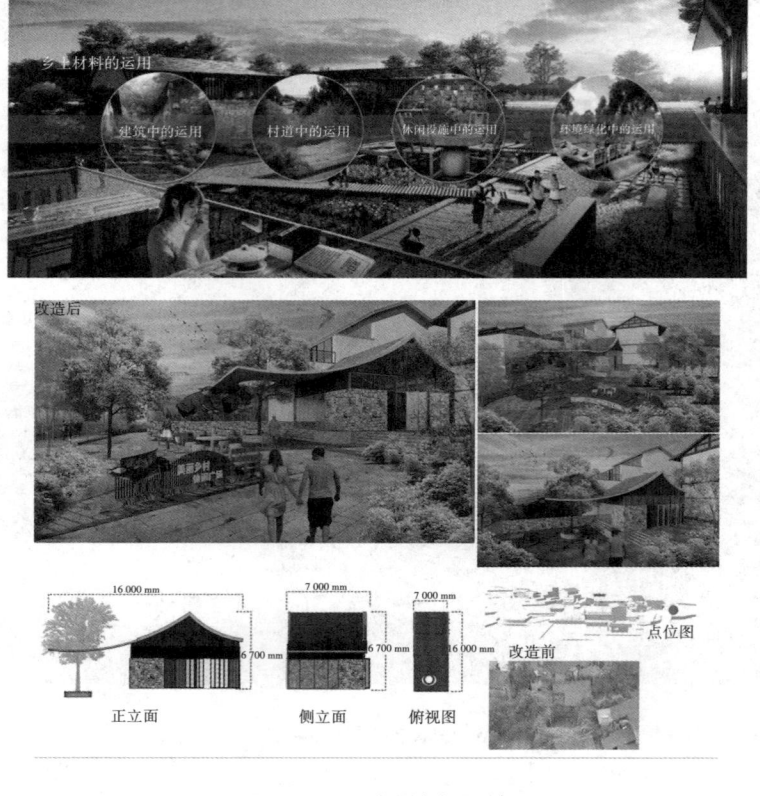

图6-3-10 公共空间设计

第六章 | 乡村景观风貌保护实践案例三：重庆官渡镇方碑村实践

161

图 6-3-11　街巷空间设计

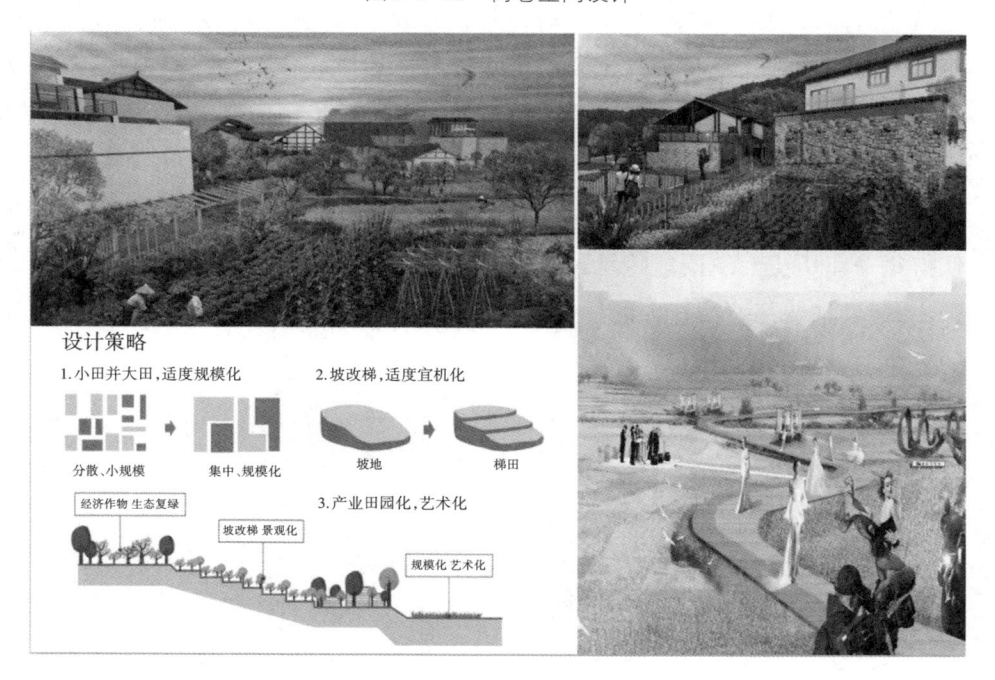

图 6-3-12　农田景观设计

图6-3-13　堰塘整治设计

(7)专项设计

专项设计是指针对某一特定领域或特定项目而进行的专门设计工作。它通常涉及深度专业知识和技术,旨在解决特定问题或满足特定需求。传统建筑修复专项设计旨在保护并恢复历史建筑的原始风貌和结构完整性,这不仅需要深厚的历史建筑知识和现代工程技术,还要求设计师具备对历史文化的深刻理解与敏感性。在修复过程中,应使用传统材料和技术,以确保修复工作的适切性和历史连续性。此外,还需考虑到建筑的可持续性和未来使用功能,使得每一座历史建筑既能传承过去,又能服务现代社会。通过这样的专项设计,每一处细节都被精心考量与处理,从而确保历史建筑在新时代中焕发出新的生命力(见图6-3-14)。

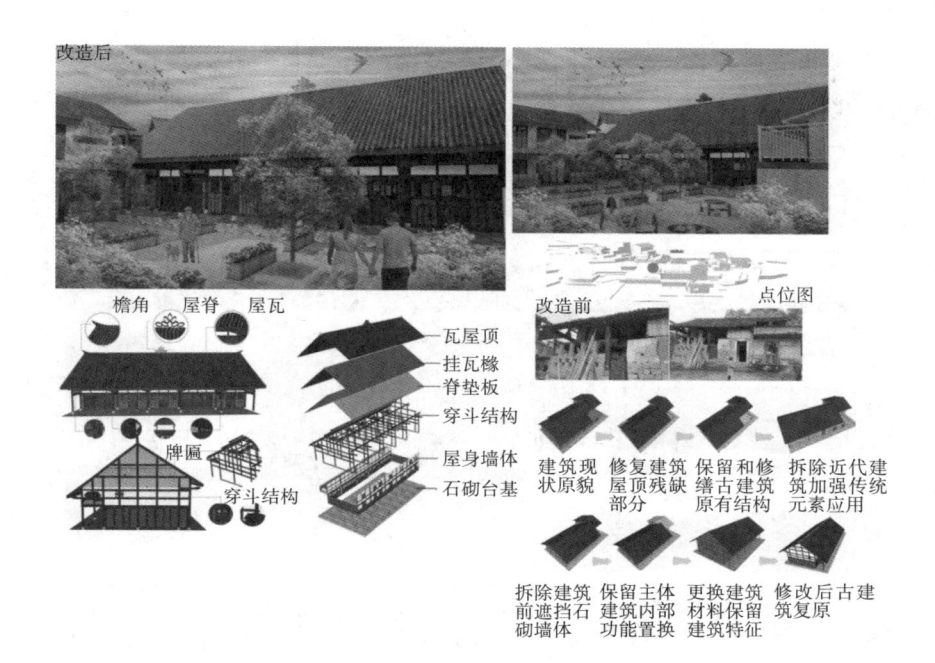

图 6-3-14　传统建筑专项设计

院墙专项设计是指针对当地院墙这一特定建筑元素进行的专门设计工作。需要综合考虑美观、安全、功能和环境等多方面因素，以确保院墙不仅能起到分隔和保护的作用，还能与周围环境和建筑风格和谐统一（见图6-3-15）。以下是院墙专项设计的一些关键要素。

美观性：院墙的设计应与整体建筑风格和周围环境相协调，应选择合适的材料、颜色和装饰元素，既能体现美学价值，又能提升整体景观效果。

安全性：院墙需要具备一定的高度和强度，防止非法入侵和保护隐私。同时，应考虑防风、防震、防火等因素，确保院墙在各种天气条件下的安全性和稳定性。

功能性：除了基本的围护功能，院墙还可以结合其他功能设计，如设置花坛、照明、通风口等，以提高院墙的使用价值和实用性。

材料选择：根据使用环境和设计需求，选择合适的建材，如砖石、混凝土、木材、金属等，同时考虑材料的耐久性和维护成本。

文化和地域特点：在传统建筑或历史街区中，院墙设计需要充分考虑当地的文化和地域特点，采用符合历史风貌的设计元素，保持区域的整体性和独特性。

乡村景观风貌保护与应用

环保和可持续性：在设计过程中，尽量选用环保材料和节能技术，减少对环境的影响，并考虑院墙的长期使用和维护问题，确保其可持续性。

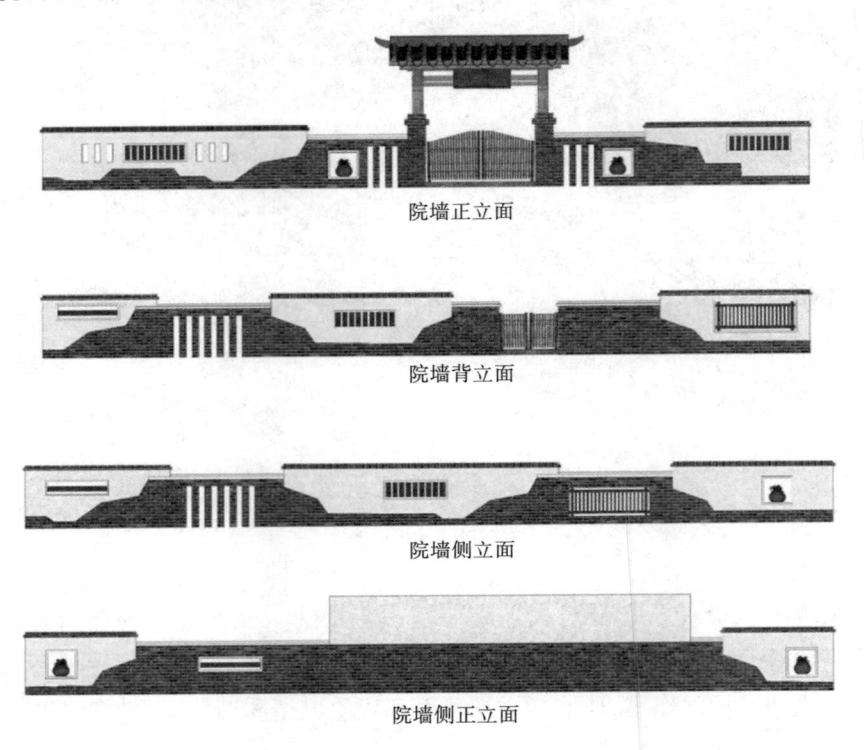

院墙正立面

院墙背立面

院墙侧立面

院墙侧正立面

图6-3-15　院墙专项设计

第四节
官渡镇方碑村设计反思与展望

乡村聚落景观是乡村风貌的重要组成,是乡村建设的重要内容,是人居环境的核心要素,是乡村振兴背景下农旅产业发展的重要资源,它承载了乡村文化与情感记忆。在官渡镇方碑村的设计过程中,我们力求将现代设计理念与传统乡村元素相结合,以保护和传承乡村文化为核心,推动乡村经济的可持续发展。经过一段时间的实践,我们在以下几个方面进行了反思和展望。

一、设计反思

乡村传统文化元素与现代设计理念的融合存在一定的挑战。一方面,我们希望通过现代设计提升乡村的基础设施和生活质量;另一方面,我们又不想让现代元素过多地侵蚀传统文化。因此,如何在两者之间找到平衡点,既保留乡村的历史韵味,又满足现代生活的需求,是需要进一步思考和改进的地方。

1. 居民参与度的提升

设计过程中,居民的参与度直接影响到项目的接受度和可持续性。尽管进行了多次调研和座谈,但部分居民的参与积极性仍有待提高。未来,计划通过更多的宣传和教育活动,增强居民对乡村振兴和设计项目的认同感和参与感,使他们成为乡村建设的积极推动者。

2. 生态与经济的协调发展

乡村振兴不仅是经济的发展,更是生态的保护。在实际操作中,如何在开发农旅产业的同时,避免对环境造成破坏,是我们面临的重要课题。我们需要更多地采用可持续的设计理念和技术,确保经济发展与生态保护同步进行。

二、未来展望

1. 深入挖掘本地文化

未来的设计将更加注重对本地文化的深入挖掘和展示,通过举办文化活动、建立博物馆等方式,让更多人了解和传承本地文化。同时,我们也将探索如何将这些文化元素更好地融入现代设计中,使方碑村在保持文化特色的同时焕发新的生机。

2. 加强社区合作

后续将进一步加强与社区间的合作,建立长效的沟通机制,确保每一个设计决策都能充分考虑居民的意见和需求。同时,我们也将引入更多的社会资源,如高校、企业等,共同参与到乡村振兴的实践中,形成多方共赢的局面。

3. 推广生态友好技术

在未来的乡村设计中,更加注重生态友好技术的应用,如太阳能、风能、雨水收集和利用等,打造绿色、可持续发展的乡村样板。

4. 多样化产业发展

乡村振兴不仅仅是农旅产业的发展,还包括其他多种产业的培育。设计还应继续积极引导和支持本地特色产业的发展,如手工艺品制作、有机农产品种植等,推动乡村经济的多样化和高质量发展。

参考文献

[1]刘奇."天字一号"的国家命题：田园综合体（下）[J].中国发展观察，2017(11)：49-52.

[2]于法稳.实施乡村振兴战略的几点思考[J].农家科技，2018(03)：4-5.

[3]中共中央党史和文献研究院，中央学习贯彻习近平新时代中国特色社会主义思想主题教育领导小组办公室.习近平新时代中国特色社会主义思想专题摘编[M].北京：党建读物出版社，中央文献出版社，2023.

[4]鲁涛，承杰.乡村振兴中地域性文化的保护与传承[J].黑河学院学报，2019，10(04)：72-74.

[5]许灿，沈坚.美丽乡村建设背景下地域性乡村园林景观建设的思考[J].绿色科技，2015(06)：63-64.

[6]吴玉洁，胡希军，但新球.复合系统视角下的乡村景观类型研究[J].中南林业科技大学学报（社会科学版），2010，4(02)：80-82+128.

[7]王叶华.云南种植业现状、问题及发展对策探讨[J].安徽农学通报（下半月刊），2011，17(04)：10+61.

[8]陈莹，王旭东，王鹏飞.关于中国乡村景观研究现状的分析与思考[J].中国农学通报，2011，27(10)：297-300.

[9]（英）安妮·切克，保罗·米克尔斯维特.可持续设计变革：设计和设计师如何推动可持续性进程[M].长沙：湖南大学出版社，2012.

[10]马娟.鲁史古镇七百年滇西茶马古道住宿站[J].中国文化遗产，2010(04)：62-66.

[11]曹昌智.论历史文化街区和历史建筑的概念界定[J].城市发展研究，2012(08)：36-40.

[12]王云庆，樊树娟.谈非物质文化遗产档案管理的主体和客体[J].齐鲁艺苑，2013(04)：9-11.

[13]刘辉,陈俞,侯兆年,等.传统村落修缮保护技术研究[J].古建园林技术,2017(01):10-13.

[14]周庆华,刘涛.旅游介入下的乡村公共空间设计策略研究——以岳西县水畈村为例[J].城市建筑,2020,17(01):150-152.

[15]陈青.美丽乡村建设背景下的公共空间再生设计研究[J].福建建材,2021(08):49-51.

[16]张羽清,周武忠.论乡村景观对乡村振兴的促进作用[J].装饰,2019(04):33-37.